HEYNE BÜCHER

W0332315

HEYNE KOCHBÜCHER

Schwester Germana

Wenn Engel kochen

Himmlische Gerichte aus Italiens Küche

WILHELM HEYNE VERLAG
MÜNCHEN

HEYNE KOCHBUCH
Nr. 07/4573

Aus dem Italienischen von SUSANNE VOGEL

Titel der Originalausgabe:
QUANDO CUCINANO GLI ANGELI!
erschienen bei Edizioni Piemme, Casale Monferrato

Genehmigte Taschenbuchausgabe
Printed in Germany 1989
Umschlaggestaltung: Atelier Ingrid Schütz, München
Druck und Bindung: Ebner Ulm

ISBN 3-453-03563-1

Inhalt

Zweiter Teil

Anhang

Aus mindestens zehn Gründen habe ich das vorliegende Buch verfaßt!

Ich schrieb es:

1. weil ich daran glaube, daß ein gutes Essen die Menschen lächeln läßt und ihnen das Gefühl gibt, geliebt zu werden;
2. weil jedes Gericht ein Beweis für die Aufmerksamkeit ist, die man den anderen schenkt, und Gelegenheit dazu gibt, einen wichtigen Moment des Tages miteinander zu verbringen;
3. weil die leckere Zubereitung einer Speise eine Sprache ist, die alle verstehen;
4. weil es mich selbst so viel Mühe gekostet hat, einfach, schnell und doch gut kochen zu lernen, daß ich anderen unnötige Fehler ersparen möchte;
5. weil ich meine zwanzigjährige Erfahrung weiterschenken und Mißerfolge oder Frustration vermeiden helfen möchte;
6. weil das Herz so nahe beim Magen liegt;
7. weil eine gesunde und schmackhafte Ernährung das Leben lebenswerter macht;
8. weil meine Mutter, wenn ich sie besuche, mir stets meine Lieblingsspeisen zubereitet und mir damit zeigt, wie gut sie meinen Geschmack kennt und wie sehr sie mich liebt;
9. weil die Menschen, wenn sie ins Familienzentrum »Punto Familia« kommen, während ich gerade koche, alle bei mir stehenbleiben und vergessen, wohin sie eigentlich wollten;
10. weil die Menschen, die an meinen Kochkursen teilnehmen, vor Freude strahlen, als ob sie seit einer Woche nichts mehr gegessen hätten.

Und bei Tisch werden die Schweigsamen gesprächig, es herrscht allgemeine Harmonie ... Dies anzusehen erstaunt und beglückt immer wieder aufs neue.

Erster Teil

1 Rezepte für den Strohwitwer
2 Wenn die ganze Familie Grippe hat
3 Wenn die Zähne ihren Dienst versagen
4 Wenn die Perle gekündigt hat
5 Wenn die Kinder keinen Appetit haben
6 Wenn der Kühlschrank leer ist
7 Mit Freunden beim Picknick
8 So vermeiden Sie das Bürofrühstück
9 Wenn gegen Monatsende das Gehalt beinahe schon verbraten ist
10 Wenn Sie aus dem vollen geschöpft haben
11 Beim Camping und im Pfadfinderlager
12 Wenn die Familie guter Hoffnung ist

1

Rezepte für den Strohwitwer

Wenn Sie zu den glücklich Verheirateten zählen, dann entscheiden Sie gemeinsam mit Ihrer Frau, wann sie mit den Kindern in Urlaub fährt. Bestimmt wird Ihre treu sorgende Gattin, die Ihren Geschmack und Ihr Kochtalent kennt, rechtzeitig die Einkäufe für Sie erledigen und bereits alles für Sie besorgen, was Sie während ihrer Abwesenheit benötigen, so daß Ihnen nur noch der tägliche Einkauf von Frischprodukten – Milch, Brot, Obst und Gemüse, Fleisch und Käse – bleibt. Sie wird den Kühlschrank füllen mit Butter, Eiern, Parmesan, einer kleinen Salami, ein paar Kartoffeln, Kräutern, Zwiebeln und Tomaten. Und sie wird dafür sorgen, daß ausreichend Zitronen, Öl, Essig, Pasta, Reis, Tomaten- und Thunfischkonserven, eingelegte Sardellen und Sardinen, Kapern und so weiter im Hause sind.

Und wenn Sie besonders viel Glück haben und mit einer Frau verheiratet sind, die Sie und die gute Küche liebt, dann wird sie zahlreiche Gerichte vorkochen und, mit genauen Hinweisen zur Auftauzeit, Zubereitung usw. versehen, für Sie einfrieren. So wird das Leben zu einem Kinderspiel.

Wenn Sie aber an alles selbst denken müssen und nur die wichtigsten Dinge vorrätig haben, geraten Sie nicht in Panik, denn ich werden Ihnen weiterhelfen. Falls Speisekammer und Kühlschrank leer sind, dann lesen Sie oben nach, was Ihre Frau hätte kaufen sollen und besorgen Sie es selbst. Und nun machen Sie sich mit der Freude dessen, der zeigt, daß er für sich selbst sorgen kann, ans Werk.

Spaghettini mit Tomaten, Basilikum, Knoblauch und Öl

Für zwei Personen

150 g Spaghettini
2 mittelgroße, reife Tomaten
2 Basilikumstengel
2 EL Olivenöl Qualität »extra vergine«
2 Knoblauchzehen

Gut 1 l Wasser unter Zugabe von 1 TL grobem Salz zum Kochen bringen. Nach dem Aufwallen 2 EL Öl hineingeben (damit die Pasta nicht verklebt), die Spaghettini hineingleiten lassen und rühren, um sie voneinander zu lösen. Die auf der Packung angegebene Kochzeit beachten. Inzwischen die Tomaten waschen und zerkleinern, das Basilikum kurz abspülen und die Blätter feinhacken.
2 EL Öl in ein Pfännchen geben und die geschälten Knoblauchzehen darin anbräunen. Die Spaghettini abgießen und in eine Schüssel füllen. Die gehackten Tomaten gründlich unterziehen. Das Basilikum zufügen und das heiße Öl mit dem Knoblauch darübergießen. Durchmischen und servieren.
Durch die Verwendung roher Tomaten und Basilikumblätter bleiben bei dieser Zubereitung die wichtigen Vitamine erhalten.

Käse-Risotto

Für zwei Personen

100 g Reis
20 g Fontina
20 g Edamer
20 g Mozzarella
2 EL Olivenöl Qualität »extra vergine«
2 EL geriebener Parmesan

In einem Topf 1 l Wasser mit 1 TL grobem Salz aufsetzen. Sobald es kocht, den Reis einstreuen, umrühren und (ohne Deckel) 15 Minuten garen. Inzwischen alle Käsesorten feinwürfeln.
Den Reis abgießen und wieder in den Topf geben. Die Käsewürfel und

das Öl zufügen und alles bei niedriger Temperatur so lange erhitzen, bis der Käse schmilzt. Den Parmesan untermischen und das Gericht zu Tisch bringen.
Zusammen mit einem gemischten Salat oder mit einem Obstsalat als Dessert ist dieser Risotto ein nahrhaftes Hauptgericht.

Tagliatelle mit Butter und Salbei

Für zwei Personen

200 g frische oder 150 g getrocknete Tagliatelle bzw. Bavette
20 g Butter
4 Salbeiblätter
2 EL geriebener Parmesan

Gut 1 l Wasser mit 1 TL grobem Salz in einem großen Topf zum Kochen bringen.
Nach dem Aufwallen die Tagliatelle hineingeben und sofort umrühren, damit sie nicht miteinander verkleben. Frische Pasta ist nach 5 Minuten gar, getrocknete benötigt gut 10 Minuten.
Inzwischen in einem Pfännchen Butter und Salbei bei milder Hitze anbräunen. Die Tagliatelle abgießen, wieder in den Topf füllen und mit der Salbeibutter und dem Parmesan verfeinern. Durchmischen und servieren.
Eine einfache, schmackhafte und, dank der heilenden Eigenschaften von Salbei, auch gesunde Mahlzeit von beruhigender, erfrischender und verdauungsfördernder Wirkung.

Gnocchetti sardi mit Gorgonzola

Für zwei Personen

150 g Gnocchetti sardi
100 g Gorgonzola
20 g Butter
2 EL geriebener Parmesan

Einen Topf mit gut 1 l Wasser und 1 TL grobem Salz aufsetzen.
Die Pasta in das kochende Wasser geben. Gnocchetti sardi sind meist aus Hartweizengrieß hergestellt und benötigen daher mindestens 20 Minuten zum Garen. (Sie sind geduldiger als die Tischgäste!)

Inzwischen den Gorgonzola in Stückchen schneiden. Zusammen mit der Butter in einer großen Pfanne erhitzen, bis der Käse zu schmelzen beginnt.
Nun die Pasta abgießen und zum Gorgonzola in die Pfanne geben. Durchmischen, alles noch einmal gut erhitzen und den Parmesan unterziehen. Und schon ist diese stärkende Mahlzeit fertig!
Als Ergänzung dazu genügt ein gemischter Salat, denn Sie haben ja bereits Pasta und Käse intus, und alles, was Sie jetzt noch brauchen, sind Vitamine und Mineralstoffe.

Spaghetti mit Sardellen

Für zwei Personen

150–200 g dünne Spaghetti
4 EL Olivenöl Qualität »extra vergine«
2 Knoblauchzehen
4 Sardellen in Salz

Gut 1 l Wasser mit 1 Prise grobem Salz zum Kochen bringen, die Spaghetti hineingleiten lassen und kurz umrühren.
Das Öl, die geschälten und zerdrückten Knoblauchzehen und die gesäuberten Sardellen in ein Pfännchen geben.
(Die Sardellen säubere ich folgendermaßen: Zuerst reibe ich mit Küchenkrepp das Salz ringsum ab. Dann halbiere ich sie, indem ich sie – genau wie eine Aprikose – entlang des Rückens öffne. Nun läßt sich die Mittelgräte mühelos in Kopfrichtung herauslösen. Gleichzeitig versuche ich, auch die anderen Gräten zu entfernen. So vorbereitet schmecken die Sardellen ausgezeichnet und eignen sich besonders für Salsa Verde, Zubereitungen mit Olivenöl, Thunfischsauce u. ä. Durch Wässern dagegen büßen sie viel von ihrem Geschmack ein. Wenn Sie sich diese Arbeit ersparen möchten, können Sie auch in Öl eingelegte Sardellen verwenden, doch sind diese weniger schmackhaft und enthalten eventuell gesundheitsschädliche Konservierungsmittel. Auch wird bei der industriellen Konservierung mit Sicherheit nicht das Öl benutzt, das als einziges qualitativ hochwertig und gesund ist, nämlich Olivenöl »extra vergine«).
Nun erhitzen Sie die vorbereiteten Sardellen zusammen mit dem Öl und Knoblauch in einem Pfännchen bei milder Hitze, bis sie zerfallen und sich

alles zu einer sehr schmackhaften Sauce verbindet. Die Zubereitung ist noch viel einfacher als meine Beschreibung! Doch Achtung: Die Sardellen dürfen dabei auf keinen Fall braten. Jetzt gießen Sie die Spaghetti ab, ziehen die heiße Sauce unter, und schon ist das Gericht fertig.
Eine gesunde Mahlzeit, die besonders angeraten ist bei Appetitmangel, Übelkeit, Bauchschmerzen. Sie wird ohne Parmesan serviert.

Fusilli mit Öl und Parmesan

Für zwei Personen

150 g Fusilli
4 EL Olivenöl Qualität »extra vergine«
2 EL geriebener Parmesan

Gut 1 l Wasser unter Zugabe von 10 g grobem Salz zum Kochen bringen. Die Pasta hineingeben und nach der Packungsvorschrift garen. Abgießen und mit dem kalten Öl und dem Parmesan vollenden.
Eine leichte, leckere und nahrhafte Mahlzeit.

Kartoffeln mit Reis

Für zwei Personen

200 g festkochende Kartoffeln
100 g Reis
10 g Butter
2 EL geriebener Parmesan

Die Kartoffeln schälen, feinwürfeln und waschen. Mit 3/4 l kaltem Wasser und 1 TL grobem Salz aufsetzen. (Insbesondere mehlige Kartoffeln dürfen nie in heißem Wasser aufgesetzt werden, da sie sonst körnig zerfallen.) Nach dem Aufwallen weitere 10 Minuten garen.
Nun den Reis einstreuen, umrühren und den Kochvorgang bei niedriger Hitze mindestens 15 Minuten (am besten ohne Deckel) fortsetzen. Den Herd ausschalten. Butter und Parmesan unterziehen und das Gericht servieren.
Eine leichte und schmackhafte Mahlzeit, die als erster Gang gereicht wird und auch aufgewärmt hervorragend mundet.

Gnocchi di patate mit Gorgonzola, Fontina oder Mozzarella

Für zwei Personen

200 g Gnocchi di patate
100 g Gorgonzola, Fontina oder Mozzarella
20 g Butter
4 EL geriebener Parmesan

Gut 1 1/2 l Wasser unter Zugabe von Salz zum Kochen bringen.
Inzwischen den Käse in Stückchen schneiden und zusammen mit der Butter in einer großen Pfanne ganz langsam erhitzen, bis er zerläuft. Die Gnocchi ins sprudelnde Wasser gleiten lassen und mit dem Schaumlöffel behutsam voneinander lösen.
Achtung: Sobald das Wasser erneut aufwallt, steigen die Gnocchi an die Oberfläche. Nun müssen sie nur noch 1 Minute garen. Mit dem Schaumlöffel herausnehmen und sofort zu Butter und Käse in die Pfanne geben. Mit dem Parmesan bestreuen und servieren.
Dieses traumhafte Gericht ist eigentlich eine Spezialität der Schwiegermütter, aber auch Sie können es ohne weiteres zubereiten, wenn Sie die Gnocchi bereits fertig kaufen.

Beefsteak im Schinkenmantel

Für zwei Personen

2 Filet- oder Kluftsteaks à 100 g
4 Scheiben roher oder gekochter Schinken bzw. Schweinenacken
4 Salbeiblätter
20 g Butter
Salz

Die Beefsteaks vorbereiten: Auf beiden Seiten mit je 1 Schinkenscheibe belegen, darauf je 1 Salbeiblatt geben und alles mit einem Zahnstocher zusammenhalten.
Die Butter in einer Pfanne zerlassen und das Fleisch hineinlegen. Auf einer Seite anbraten, wenden und leicht salzen. (Denken Sie daran, daß Schinken bzw. Schweinenacken schon Salz enthalten!) Insgesamt 5 Minuten braten.
Zu diesem nahrhaften, leckeren Fleischgericht paßt gut ein gemischter Salat.

Forelle mit Butter und Salbei

Für zwei Personen

2 Forellen à 200 g
2 EL Mehl
20 g Butter
1 Salbeizweig
Salz

Ganz frische Forellen verwenden, die man an ihrem festen Fleisch und der glänzenden Haut sofort erkennt. Am besten lassen Sie die Fische gleich vom Händler vorbereiten, er hat die meiste Erfahrung.
Die Forellen sorgfältig waschen und mit einem sauberen Tuch oder Küchenkrepp abtrocknen. Das Mehl auf einen Teller geben, die Forellen darin wenden und überschüssiges Mehl abschütteln. Butter und Salbei in eine Pfanne geben und die Butter zerlassen. Die Forellen hineinlegen und bei starker Hitze auf einer Seite braten (etwa 3 Minuten). Mit dem Bratenwender umdrehen, salzen und den Garvorgang mit Deckel bei mittlerer Temperatur weitere 5 Minuten fortsetzen. Fertig.
Dazu paßt gekochtes Gemüse jeglicher Art oder auch Salat. Der in den Fischen enthaltene Phosphor versorgt Ihr Gehirn mit neuer Energie, über die Proteine freut sich Ihr Körper.

Kalbsleber mit Butter und Salbei

Für zwei Personen

20 g Butter
4 Salbeiblätter
4 Scheiben Kalbsleber
Salz

Die Butter zusammen mit dem Salbei in einer Pfanne anbräunen. Das Fleisch dazugeben und 1 Minute braten. Wenden, salzen und den Garvorgang auf der zweiten Seite 2 Minuten vollenden.
Am besten paßt dazu ein schöner gemischter Salat, zum Beispiel mit Tomate, Paprikaschote, Fenchelknolle, Sellerie, Frühlingszwiebeln usw.
Eine vitamin- und mineralstoffreiche Mahlzeit, die sich besonders im Sommer anbietet, wenn man viel schwitzt und dem Körper neue Energien zuführen muß, ohne den Magen unnötig zu belasten.

Kaninchenfilet im Ofen gebraten

Für zwei Personen

4 Scheiben Kaninchenfilet
Pfeffer
Salz
4 Rosmarinzweige

Lassen Sie das Fleisch vom Metzger nicht klopfen, es würde dadurch nur zäh!
Das Ofenblech mit Alufolie auslegen. Den Ofen auf die maximale Temperatur (250–300°C) vorheizen. Die Fleischstücke auf das Blech legen, jeweils mit etwas Pfeffer und 1 Prise Salz würzen und 1 Rosmarinzweig daraufgeben. Mehr würzende Zutaten oder auch Öl sind nicht erforderlich!
Das Fleisch 15 Minuten in den heißen Ofen schieben. Sollte es dann noch nicht schön gebräunt sein, den Garvorgang weitere 5 Minuten – auf keinen Fall aber länger – fortsetzen.
Auf diese Weise zubereitet, erhält das Fleisch einen vorzüglichen Geschmack und ist leicht verdaulich.
Die hier beschriebene schmackhafte Zubereitungsart, die zugleich für Fleisch die gesündeste ist, eignet sich ebenso für Puten- und Hähnchenschnitzel, Rinder- oder Kalbsfilet, Hirn, Leber, Schwertfischsteaks, frischen Thunfisch, Sardinen und Seehechtschnitten.

Truthahnröllchen

Für zwei Personen

1 Tütchen getrocknete Steinpilze
4 Scheiben Truthahnbrust oder -keule
4 Scheiben Bauchspeck, Schweinenacken oder fetter Speck
20 g Butter
Salz

Die Pilze 2–3 Minuten in einer kleinen Schüssel mit warmem Wasser einweichen, anschließend mit den Händen ausdrücken.
Auf die Ober- und Unterseite der Fleischscheiben je 1 Pilzstückchen geben und alles jeweils mit 1 Speckscheibe umwickeln.
Die Butter in einer Pfanne zerlassen und die vorbereiteten Röllchen hineinlegen.

3 Minuten braten, wenden, salzen und noch 3 Minuten auf der anderen Seite braten. Zudecken und den Garvorgang nach weiteren 4 Minuten beenden.
Dies ist bereits ein Experten-Gericht.

Gesundes Beefsteak

Für zwei Personen

2 Scheiben Rindfleisch aus der Keule
2 EL Olivenöl
1 Prise Salz
1 Prise Pfeffer

Eine Grill-, Eisen- oder beschichtete Pfanne stark erhitzen.
Das Fleisch ohne weitere Zutat hineinlegen und auf hoher Stufe 1 Minute braten. Mit dem Holzspatel vom Pfannenboden lösen und auf einen Teller legen. Die Pfanne erneut stark erhitzen.
Inzwischen Öl, Salz und Pfeffer in einer Tasse mit Hilfe einer Gabel verquirlen.
Das Fleisch mit der noch rohen Seite nach unten wieder in die Pfanne legen und 1 weitere Minute braten. Herausnehmen und auf einzelnen Tellern anrichten. Jeweils 1 EL Öl darüberträufeln.
Ein gesundes Fleischgericht, das besonders leicht verdaulich ist, da Öl und Gewürze nicht erhitzt werden.

Frischer gebratener Fisch

Für zwei Personen

2 Scheiben Schwertfisch bzw. frischer Thunfisch, Seehecht oder Goldbrassen à ca. 200 g
1 Prise Salz
1 Prise Pfeffer

Eine Grill-, Eisen oder beschichtete Pfanne stark erhitzen.
Die Fischstücke behutsam hineinlegen und 3 Minuten braten. Wenden, auf der zweiten Seite garen, salzen und pfeffern.
Äußerst schmackhaft – auch ohne weitere würzende Zutat!

Grüne Bohnen mit Kapern und Basilikum

Für zwei Personen

250 g zarte grüne Bohnen
4 EL Olivenöl Qualität »extra vergine«
1 EL Kapern
4 Basilikumblätter

In einem Topf 1 l Wasser mit 1 EL grobem Salz zum Kochen bringen. Inzwischen die Bohnen vorbereiten: Die Enden abschneiden und das Gemüse waschen.
Achtung: Wenn Sie die Bohnen in kaltem Wasser aufsetzen, garen sie ebensogut, werden allerdings gelb. Grünes Gemüse (Bohnen, Zucchini, Mangold u. ä.) wird daher immer in sprudelndes Salzwasser gegeben.
Die Bohnen 20 Minuten garen. Abgießen und in eine Salatschüssel füllen. Mit dem Öl anmachen und mit den Kapern und dem kleingeschnittenen Basilikum abrunden.
Schmeckt ausgezeichnet!

Grüne Bohnen mit Pfefferminze

Die Zubereitung erfolgt wie beim vorherigen Rezept, wobei allerdings Kapern und Basilikum durch frische, feinstreifig geschnittene Pfefferminze ersetzt wird, die Sie beim Gemüsehändler bekommen.

Grüne Kartoffeln

Für zwei Personen

300 g Kartoffeln
1 Handvoll Petersilienblätter
1 EL Kapern
2 Sardellenfilets
1 Knoblauchzehe (nach Belieben)
4 EL Öl
1 EL Essig
Salz

Die ungeschälten Kartoffeln waschen und mit 1 l kaltem Wasser aufsetzen. (In der Schale bewahren die Kartoffeln beim Kochen besser ihren Geschmack und können kein Wasser aufnehmen.) Nach dem Aufwallen 20 Minuten kochen lassen.
Inzwischen die Petersilienblätter abzupfen, waschen und zusammen mit den Kapern, den Sardellenfilets und der Knoblauchzehe (nach Belieben) hacken. Alles in eine Salatschüssel geben. Öl und Essig unterrühren.
Die Kartoffeln abgießen, schälen und abkühlen lassen. Sobald sie lauwarm oder kalt sind, in Scheiben oder Würfel schneiden. Zu der vorbereiteten Salatsauce geben, etwas salzen, durchmischen und servieren.
Wenn Ihnen das Hacken der Zutaten zu aufwendig ist, können Sie sie auch zusammen mit Öl und Essig in den Mixer geben. Nun müssen Sie nur noch die Kartoffeln schälen, schneiden und die Sauce unterziehen. Und in 2 Minuten ist alles erledigt.

Tomaten mit Basilikum

Für zwei Personen

300 g Salattomaten
4 Basilikumblätter
1 Prise Salz
2 EL Olivenöl Qualität »extra vergine«

Tomaten und Basilikum waschen. Tomaten in Scheiben, Basilikum in Streifchen schneiden. Alles in eine Glasschüssel geben und mit Salz und Öl anmachen.
Ein vitamin- und mineralstoffreicher Salat.

Reichhaltiger Salat

Für zwei Personen

1 Ei
1 Tomate
1 Paprikaschote
2 Stangen Bleichsellerie
4 Radieschen
1 Frühlingszwiebel
1 Fenchelknolle
1 TL Kapern
100 g Thunfisch in Öl
2 Prisen Salz
4 EL Öl
1 EL Essig oder Zitronensaft

Das Ei in kaltem Wasser aufsetzen und nach dem Aufwallen weitere 7 Minuten kochen. Inzwischen das Gemüse waschen, abtrocknen, in Stückchen schneiden und alles in eine Salatschüssel füllen.
Die Kapern, den abgetropften, zerpflückten Thunfisch und das in Scheiben geschnittene Ei dazugeben. Salz, Öl und Essig bzw. Zitronensaft zufügen und alles gut vermischen.
Schon haben Sie ein leichtes und vollwertiges Hauptgericht.

Gemüsetopf Hausmanns-Art

Für zwei Personen

1 Zwiebel
1 Tomate
1 Aubergine
1 Stange Bleichsellerie
2 Paprikaschoten
2 Kartoffeln
2 EL Öl
1 knapper TL Salz

Dieses Gericht aus vergangenen Zeiten gehört eigentlich zum geheimen Schatz der Schwiegermütter und wird gerade deshalb besonders geschätzt. Sie können es zubereiten, wenn Sie Ihre Schwiegermutter einladen, wenn Sie einmal etwas Besonderes essen möchten oder auch wenn Sie eventuelle Gemüsereste auf geschickte Art verwerten möchten. Dabei können Sie die verschiedensten Sorten verwenden, denn in der Vielfalt liegt das eigentliche Geheimnis dieses leckeren Gerichtes.
Und so wird es gemacht: Das Gemüse waschen, die Zwiebel in möglichst dünne Scheiben schneiden, alles andere in Stückchen teilen. Das Öl in einen großen Topf geben und die Zwiebelscheiben darin bei milder Hitze anbräunen. Nun den Herd hochschalten, das restliche Gemüse hineingeben und durchmischen. Den Topf zudecken, den Herd wieder auf die kleinste Stufe stellen und das Gemüse etwa 3/4 Stunde schmoren, dabei gelegentlich mit einem Holzlöffel umrühren.
Nach Ende der Garzeit salzen, erneut durchmischen, den Herd abschalten und das Gericht zugedeckt noch 5 Minuten ziehen lassen.
Dieses leckere Gemüse paßt ausgezeichnet zu Bratwurst vom Grill, Schweinskotelett und anderem Fleisch, nicht so gut jedoch zu Fisch, den es mit seinem kräftigen Aroma und Geschmack völlig übertönen würde.

Sellerie-Kartoffel-Tomaten-Pfanne

Für zwei Personen

200 g Kartoffeln
200 g Bleichsellerie
200 g Tomaten
20 g Butter
2 Prisen Salz

Die Kartoffeln schälen und das ganze Gemüse waschen. Kartoffeln feinwürfeln. Den Sellerie in Stückchen, die Tomaten in Scheiben schneiden. Die Butter in eine Pfanne geben und die Selleriestückchen 10 Minuten unter gelegentlichem Rühren darin dünsten. Die Kartoffelwürfel untermischen und 10 Minuten mitgaren. Zuletzt die Tomatenscheiben hineingeben. Alles durchmischen, salzen und weitere 15 Minuten dünsten. Fertig!
Ein zartes Gemüsegericht, das gut als Beilage zu hellem Fleisch paßt: zu Fisch, Kaninchen, Huhn usw.
Da es aufgewärmt noch besser schmeckt, bereiten Sie doch gleich eine größere Menge zu. Es ist nicht mehr Mühe, doch Sie sparen Zeit, Strom und Arbeit am nächsten Tag.

Zucchini-Kartoffel-Zwiebel-Schüssel

Für zwei Personen

200 g Kartoffeln
200 g kleine Zucchini
200 g Zwiebeln
1 TL Senf (nach Belieben)
1 Prise Salz
1 EL Essig oder Zitronensaft
4 EL Öl

Die Kartoffeln schälen, waschen und mit 1 l kaltem, leicht gesalzenem Wasser aufsetzen.
Inzwischen die Zucchini von den Enden befreien, waschen und, sobald das Wasser sprudelt, zu den Kartoffeln geben. Die Zwiebeln häuten, von den Ansätzen befreien, waschen und zum restlichen Gemüse geben. 20 Minuten kochen.
Das Gemüse abgießen und abkühlen lassen. In einer Glasschüssel eine Marinade zubereiten: Senf, Salz, Essig und Öl gut mit der Gabel verschlagen.

Sobald das Gemüse nur noch lauwarm ist, alles in Würfelchen schneiden und diese in der Schüssel mit der Marinade vermischen.
Diesen sehr nahrhaften, leichten Salat können Sie auch schon am Vortag oder -abend zubereiten. Besonders gut paßt er als Beilage zu Kalbfleisch aus Alba, kaltem Braten, gebratener Forelle, aber auch zu zahlreichen anderen Fleisch- und Fischgerichten. Er wirkt stärkend, entwässernd und entschlackend.

Tomaten mit Mozzarella

Für zwei Personen

2 Tomaten à 150 g
1 großer Mozzarella
1 Prise Origano
2 Prisen Salz
2 EL Olivenöl Qualität »extra vergine«

Die Tomaten waschen und in feine Scheiben oder kleine Würfel schneiden. Den Mozzarella ebenso zerkleinern.
Beides in eine Glasschüssel füllen. Mit Origano und Salz würzen und das Öl unterziehen.
Kann als Hauptgericht serviert werden.

Bresaola mit Mozzarella und Grapefruit

Für zwei Personen

150 g dünn geschnittene Bresaola
1 Prise Salz
1 Prise Pfeffer
2 EL Öl
Saft von 1 Zitrone
1 Mozzarella, möglichst aus Büffelmilch
1 Grapefruit

Die Fleischscheiben nebeneinander auf eine große, ovale Platte legen. Leicht mit Salz und Pfeffer bestreuen und mit etwas Öl und Zitronensaft

beträufeln. Mit Klarsichtfolie abdecken und in den Kühlschrank stellen. Am besten schmeckt dieses Gericht, wenn man es am Vortag, mindestens aber 5–6 Stunden im voraus vorbereitet.
Unmittelbar vor dem Servieren den Mozzarella in große, dünne Scheiben schneiden und diese in zwei Reihen auf der Platte anordnen. Die Grapefruit wie eine Apfelsine schälen und ebenfalls in dünne Scheiben schneiden, die neben dem Mozzarella aufgereiht werden. Die Grapefruit- und Mozzarellascheiben leicht salzen und pfeffern und mit etwas Öl und Zitronensaft aromatisieren.
Dieses erfrischende Gericht mit neuer Farbkomposition und ungewöhnlichem Geschmack entwickelt sich während Ihres Strohwitwerdaseins bestimmt zu einem Favoriten und ist eine gute Willkommensmahlzeit für Ihre Frau. Sie wird glücklich sein, wieder daheim zu sein und allen von Ihren Kochtalenten vorschwärmen. Vielleicht nimmt sie Sie nächstes Jahr dann mit in den Urlaub ...!

Hartgekochte Eier mit gemischtem Salat

Für zwei Personen

3 Eier
200 g gemischter Salat nach Geschmack (Chicorée, Endivie, Kopfsalat, Radicchio)
1 kleine Zwiebel (nach Belieben)
2 Prisen Salz
1 Prise Pfeffer
4 EL Öl
1 EL Essig

Die Eier in einem kleinen Topf mit kaltem Wasser aufsetzen und 7 Minuten im sprudelnden Wasser kochen. Anschließend zum Abkühlen unter fließendes kaltes Wasser legen, schälen und in Scheiben oder Spalten schneiden. (Es gibt dafür spezielle Eierschneider.) Den Salat verlesen, waschen und etwas zerkleinern.
Zusammen mit den Eistücken in eine Salatschüssel geben. Die in dünne Scheiben geschnittene Zwiebel ergänzen. Den Salat mit Salz, Pfeffer, Öl und Essig anmachen und durchmischen.
Ein nahrhaftes und schnell zubereitetes Hauptgericht.

Grünes Omelett mit gemischtem Salat Für zwei Personen

3 Petersilienstengel
3 Basilikumstengel
3 Eier
2 Prisen Salz
3 EL Milch
3 EL geriebener Parmesan
5 EL Olivenöl Qualität »extra vergine«
200 g gemischter Salat (Sellerie, Fenchel, Paprika, Tomate oder auch, je nach Jahreszeit, gemischter Blattsalat)
1 EL Essig oder Zitronensaft

Petersilie und Basilikum waschen und feinhacken.
Die Eier mit dem Salz, der Milch und dem Parmesan in einem tiefen Teller 5 Minuten kräftig mit der Gabel verschlagen. Dann die Kräuter einrühren.
In einer (möglichst gußeisernen) Pfanne 1 EL Öl erhitzen. Die verquirlte Eimischung hineingießen und 3 Minuten backen. Die Pfanne mit einem passenden Deckel verschließen und wenden, so daß das Omelett auf den Deckel fällt. Das Omelett mit der ungebackenen Seite nach unten wieder in die Pfanne gleiten lassen und weitere 3 Minuten garen. Fertig.
Wenn Sie ein grünes Omelett mit anderen Geschmacksvarianten zubereiten möchten, so ersetzen Sie Basilikum und Petersilie mit 10–15 Pfefferminzblättern, Mangold oder auch gehacktem Spinat. Die restlichen Zutaten bleiben dieselben.
Dieses leckere, leichte Omelett schmeckt auch kalt gut. Als Beilage paßt ein gemischter Salat nach Ihrem Geschmack, den Sie mit dem restlichen Öl und dem Essig anmachen. Er versorgt Ihren Organismus mit lebenswichtigen Vitaminen und Mineralstoffen und regt den Stoffwechsel an. Er macht nicht dick und liefert dabei Ihrem Körper die Energie, die er bei warmem Klima und nach Anstrengungen unbedingt braucht.

Hühnerragout mit Oliven

Für zwei Personen

2 EL Öl
400 g Hühnerfleisch in Stücken (wenn man Fleisch mit Knochen verwendet, rechnet man besser 200 g pro Person, da der Knochenanteil ja noch wegfällt)
4 Prisen Salz
1/2 Glas Marsala secco
100 g schwarze oder grüne, entsteinte Oliven

Das Öl in eine Kasserolle geben und das Hühnerfleisch bei starker Hitze scharf anbraten. Sobald es ringsum schön gebräunt ist, salzen, den Marsala angießen (Sie müssen unbedingt Marsala secco verwenden, denn der Typ »dolce« würde furchtbar schmecken!) und die Oliven zufügen. Zugedeckt bei minimaler Hitze 1/2 Stunden schmoren.
Diese Zubereitungsart eignet sich ebenso für Kaninchen oder auch für Kabeljau, Makrele oder kleine Kraken.

Schinken mit Erbsen

Für zwei Personen

200 g ausgehülste Erbsen (500 g mit Hülsen)
20 g Butter
2 Salbeiblätter
1 Prise Salz
1/2 Glas trockener Weißwein
100 g gekochter Schinken in Scheiben

Falls erforderlich, die Erbsen aushülsen. Zusammen mit Butter und Salbei in eine Kasserolle geben und 5 Minuten dünsten. Salzen und mit dem Weißwein ablöschen. Zugedeckt bei minimaler Hitze 10 Minuten schmoren.
Inzwischen den Schinken in Streifchen schneiden. (Am einfachsten geht es, wenn man die Scheiben vorher zusammenrollt.) Zu den Erbsen geben und den Garvorgang weitere 10 Minuten bei milder Hitze fortsetzen.
Ein leckeres, nahrhaftes und zugleich leicht verdauliches Hauptgericht.

Spiegeleier mit Speck

Für zwei Personen

20 g Butter
2 frische Eier
2 Prisen Salz
4 Scheiben geräucherter Bauchspeck

Die Butter in einer Pfanne bei milder Hitze zerlassen. Die Eier behutsam hineinschlagen, ohne das Eigelb zu verletzen.
Zugedeckt 2–3 Minuten braten. Salzen und auf jedes Ei 2 Speckscheiben legen. Erneut zudecken und noch 1 Minute braten.
Ein gemischter Salat, auch aus gekochtem Gemüse, ergänzt diesen Appetithappen.

Gekochte Zucchini mit Thunfisch

Für zwei Personen

200 g frische Zucchini
150 g Thunfisch in Öl
1 EL Öl
etwas Zitronensaft

1/2 l Wasser unter Zugabe von 1 EL grobem Salz zum Kochen bringen. Die Zucchini waschen, von den Enden befreien und in das sprudelnde Wasser geben. Nach 20 Minuten abgießen und abkühlen lassen.
Die lauwarmen Zucchini in dünne Scheiben schneiden. Den in Stücke geteilten Thunfisch dazugeben. Mit Öl und Zitronensaft abschmecken und durchmischen.
Eine vollständige Mahlzeit: Die Zucchini sind zwar nährstoffarm, aber von erfrischender Wirkung; der Thunfisch dagegen ist sehr reichhaltig. Eine Vereinigung von arm und reich …

Sparpizza

Für zwei Personen

4 Scheiben Kastenbrot, möglichst altbacken
4 eingemachte Tomaten oder die entsprechende Menge Tomatensauce
1 Mozzarella à 150 g oder 4 Scheiben Fontina
4 Sardellenfilets in Salz (nach Belieben)
1 Prise Origano
2 EL Olivenöl Qualität »extra vergine«

Die Brotscheiben auf das Backblech legen. Die mit der Gabel zerdrückten Tomaten bzw. die Tomatensauce darauf verteilen. Mit dem in Streifchen geschnittenen Käse und den Sardellen belegen. Mit Origano würzen und mit Öl beträufeln.
15 Minuten im vorgeheizten Ofen bei 200°C backen.
Dieses leckere Gericht ist schnell zubereitet und bietet eine gute Möglichkeit, altes Brot noch zu verwerten.

Tomaten mit pikanter Füllung

Für zwei Personen

2 große Tomaten à ca. 200 g
100 g Thunfisch in Öl
1 EL Kapern
4 Sardellenfilets
4 EL Olivenöl Qualität »extra vergine«
1 EL Zitronensaft oder Essig

Die Tomaten waschen und abtrocknen. Halbieren und mit einem Löffel aushöhlen.
Thunfisch, Kapern, Sardellen, Öl und Zitronensaft sowie das Tomateninnere im Mixer pürieren, bis eine glatte Sauce entsteht. Die Tomaten damit füllen.
Dieses Gericht ist im Nu zubereitet, gelingt immer und versorgt den Körper im Sommer mit allen lebensnotwendigen Nährstoffen.

Bunter Salat Hausmanns-Art

Für zwei Personen

1 Tomate
1 Paprikaschote
2 Stangen Bleichsellerie
1 Fenchelknolle
50 g gekochter Schinken
50 g Fleischwurst
50 g Putenbraten
50 g Käse (Berna, Fontina, Asiago, Edamer oder Mozzarella)
1 hartgekochtes Ei
50 g schwarze Oliven
4 EL Öl
1 EL Zitronensaft oder Essig
2 Prisen Salz
1 Prise Pfeffer

Das Gemüse waschen und trockentupfen. Sämtliche Zutaten in kleine Würfel oder Scheibchen schneiden, mischen und mit Öl, Zitronensaft, Salz und Pfeffer abschmecken.
Eine reichhaltige und absolut komplette Mahlzeit.

Salami-Omelett

Für zwei Personen

3 frische Eier
3 EL geriebener Parmesan
3 EL Milch
3 Prisen Salz
2 EL Olivenöl Qualität »extra vergine«
100 g Salami in Scheiben

Eier, Parmesan, Milch und Salz in eine Schüssel geben und mit der Gabel glattrühren.
1 EL Öl in einer gußeisernen oder beschichteten Pfanne erhitzen. Die gehäuteten Salamischeiben so hineinlegen, daß sie den Pfannenboden gleichmäßig bedecken. Kurz anbraten und dann mit der Eimischung übergießen.
Zugedeckt bei mittlerer Hitze backen, bis die Eimasse gestockt ist. Das Omelett auf einen Deckel stürzen. Das restliche Öl in die Pfanne geben. Das gewendete Omelett wieder hineingleiten lassen und noch 1 Minute backen. Köstlich!
Anstelle der Salami können Sie ebensogut rohen oder gekochten Schinken, geräucherten Bauchspeck, Mortadella, Fleischwurst usw. verwenden.

Kalbfleisch aus Alba

Für zwei Personen

2 dünne Scheiben Kalbfleisch aus der Keule à ca. 80 g
Salz
Pfeffer
2 EL Zitronensaft
2 EL Öl
1 großer Steinpilz oder Champignon à ca. 30 g
30 g Parmesan

Die Fleischscheiben auf eine längliche Platte legen, salzen und pfeffern. Mit Zitronensaft und etwas Öl beträufeln. Pilz und Parmesan mit dem Trüffelhobel darüberraspeln. Vor dem Servieren etwa 4–5 Stunden marinieren.
Eine ausgezeichnete kalte Vorspeise, die sehr nahrhaft und zugleich ausgesprochen bekömmlich ist.

Seezunge in Weißwein

Für zwei Personen

30 g Butter
300 g frische Seezungenfilets (Achten Sie darauf, daß Sie auch wirklich Seezunge bekommen und nicht Scholle. Die beiden sehen sich zwar ziemlich ähnlich, doch ist die Scholle nicht so fein im Geschmack, weniger nahrhaft und daher auch preiswerter.)
3 Prisen Salz
1 Prise Pfeffer
1/2 Glas trockener Weißwein
1 Kräutersträußchen aus Salbei, Rosmarin, Basilikum und 2 Lorbeerblättern

Die Butter in einem Pfännchen schmelzen. Eine ofenfeste Form mit 1 EL der zerlassenen Butter einfetten.
Die Seezungenfilets nebeneinander hineinlegen, salzen, pfeffern und gleichmäßig mit der restlichen zerlassenen Butter beträufeln. Den Weißwein darüber verteilen (nehmen Sie einen großen Löffel zur Hilfe).
Die Kräuter waschen, trockentupfen, zu einem Sträußchen binden und

dieses auf die Fischfilets legen. 20 Minuten im vorgeheizten Ofen bei 200°C garen. Fertig.
Ein leichtes Gericht mit einem hohen Gehalt an Phosphor und wichtigen Proteinen. Als Beilage dazu empfehle ich gekochte Kartoffeln, die nur mit etwas Salz und Öl abgerundet werden.

Pizzaiola Hausmanns-Art

Für zwei Personen

Basilikum
Petersilie
Rosmarin
Sellerie
Zwiebel
Mohrrübe
Öl
2 Fleischscheiben aus der Keule à 100 g
Mehl
etwas trockener Weißwein
4 Eiertomaten (ersatzweise aus der Dose)
100 g Fontina
2 Kapern
1 Prise Origano

Kräuter und Wurzelwerk feinhacken und in einer Pfanne im Öl leicht anbräunen. (Die Zutaten werden ins kalte Öl gegeben.)
Das Fleisch in Mehl wenden und anbraten. Den Wein angießen und verdampfen lassen. Die kleingeschnittenen Tomaten zufügen und 2–3 Minuten durchkochen. Den in Streifen geschnittenen Fontina, Kapern und Origano dazugeben.
Zugedeckt weitere 5 Minuten fertigschmoren. Ein sehr schmackhaftes und unkompliziertes Gericht, das jedoch leicht enttäuschen kann, wenn Sie die Anweisungen nicht genau beachten.
Auf dieselbe Weise können Sie auch Hühnchenbrust oder Hühnerragout zubereiten, wobei die Garzeit allerdings mindestens 45 Minuten beträgt. Ebenso eignet sich dieses Rezept für Putenfilets, Hackbällchen, Wachteln, Fasan, Perlhuhn.

Spießchen auf römische Art

Für zwei Personen

2 Scheiben Kalbs- oder Rinderkeule à ca. 100 g
4 Scheiben gekochter oder roher Schinken bzw. Bauchspeck
Salbeiblätter
25 g Butter
Salz

Fleisch- und Schinkenscheiben vierteln.
Die Fleischstücke auf einzelne Zahnstocher spießen. Auf beiden Seiten jeweils 1 Stück Schinken und danach 1 Stückchen Salbei ergänzen.
Die Butter in einer Pfanne zerlassen und die Spießchen darin ringsum braten. Salzen, dabei allerdings behutsam vorgehen, da der Schinken bereits gesalzen ist. Die Bratzeit darf 5 Minuten nicht überschreiten.
Ein nahrhaftes und leckeres Gericht erhalten Sie auch, wenn Sie anstelle der vorgeschlagenen Fleischsorte Leber verwenden.

Eingelegte Zucchini

Für zwei Personen

400 g kleine, frische Zucchini
Öl zum Fritieren
Salz
etwas Olivenöl
1 Zwiebel
1 Salbeizweig
1 Rosmarinzweig
2 Knoblauchzehen (nach Belieben)
1 Glas Essig

Die Zucchini von den Enden befreien, waschen und abtrocknen. Längs vierteln, sehr kleine Früchte nur längs halbieren.
Reichlich Öl in einer Pfanne (möglichst aus Eisen) stark erhitzen, aber nicht verbrennen lassen. Einen Teil der vorbereiteten Zucchini darin goldbraun backen. Sie sind fertig, sobald sie an die Oberfläche steigen. Herausnehmen, auf einen mit Küchenkrepp ausgelegten Teller geben und salzen. Die restlichen Zucchini auf die gleiche Weise verarbeiten.

Nach beendeter Arbeit das Öl in eine Schale füllen (es kann noch für Pommes frites oder zum Ausbacken von anderem Gemüse verwendet werden).
Die Pfanne mit Küchenkrepp gut ausreiben. Etwas Olivenöl hineingeben und leicht erhitzen. Die feingeschnittene Zwiebel zusammen mit dem Rosmarin- und dem Salbeizweig sowie, nach Belieben, den Knoblauchzehen darin anbräunen. Den Essig dazugießen und 2 Minuten kochen lassen.
Die Zucchini in ein fest verschließbares Gefäß füllen und den heißen Essig mit den Kräutern darübergießen. Vor dem Servieren erkalten lassen.
Sie können auch eine größere Menge dieses pikanten Gemüses vorbereiten, denn verschlossen hält es sich im Kühlschrank bis zu 20 Tagen.
Man serviert diese Zucchini als Beilage zu verschiedenstem gebratenem Fleisch oder verwendet sie als Belag für Sandwiches. Auch Fisch (Schleie, Sardinen, Aal) sowie in Scheiben geschnittener gelber Kürbis lassen sich auf diese Weise zubereiten.

2

Wenn die ganze Familie Grippe hat

Nur allzu oft verselbständigt sich eine Grippe und macht in der ganzen Familie die Runde. Und so hört man nicht selten »Wir liegen alle mit Erkältung im Bett.«

Sollte dies bei Ihnen eingetreten sein, dann sind Sie in einer mißlichen Lage, denn jegliche Organisation bricht zusammen. Eine perfekte Organisation beruht auf einer gleichmäßigen Verteilung der Arbeit. Aber die Grippe macht, was sie will. Und wenn es keinem gutgeht, keiner aus dem Haus gehen kann, keiner die Lust und Energie zum Kochen aufbringt, dann sieht es bestimmt nicht rosig für Sie aus. Vielleicht ist es an der Zeit, sich mit der Schwiegermutter zu versöhnen ... Wenn das nicht möglich ist, dann hilft nur noch, gesund zu werden, und zwar bald.

Und dazu trägt nicht zuletzt eine gesunde Ernährung bei. Daher habe ich einige Rezepte zusammmengestellt, die für eine Woche ausreichen sollten. Dann sind Sie hoffentlich wieder auf den Beinen. Und wenn nicht, so beginnen Sie eben von vorn.

Natürlich brauchen Sie einen netten Lebensmittelhändler, der Ihnen die Einkäufe notfalls ins Haus bringt. Man muß Freunde haben, ob unter den Nachbarn oder seinen Stammgeschäften.

Ich habe Gerichte ausgewählt, die nahrhaft und bekömmlich sind und den Organismus stärken. Denn wenn Sie möchten, daß die anderen Ihnen helfen, müssen Sie auch bereit sein, sich selbst zu helfen.

Kartoffeln mit Reis

Dieses Rezept ist auf S. 15 beschrieben, sie müssen nur noch die erforderlichen Zutatenmengen berechnen.
Da man bei Grippe bekanntlich wenig Appetit hat, trotzdem aber gut essen muß, um den Virus zu besiegen, kann man dieses Gericht auch als Hauptmahlzeit servieren. In dem Fall rührt man nach dem Abschalten des Herdes zwei Eigelbe bzw. etwas gewürfelten Mozzarella oder Fontina unter. Sie entziehen sich unseren Blicken, aber nicht unserem Magen, der uns als Dank dafür Kraft und neuen Elan schenkt.

Reis mit Tomaten und Basilikum

Pro Person

70 g Reis (entspricht etwa dem Inhalt von 1 Wasserglas)
1 reife Tomate
1 Basilikumstengel
1 EL Öl
1 EL geriebener Parmesan (nach Belieben)

Reichlich Salzwasser zum Kochen bringen und den Reis ins sprudelnde Wasser geben. Umrühren und nach dem erneuten Aufwallen 15 Minuten bei starker Hitze ohne Deckel garen.
Inzwischen die Tomaten und das Basilikum waschen und feinhacken. Den Reis abgießen und wieder in den Topf geben. Tomaten, Basilikum und das Öl einrühren.
Alles gut erhitzen, aber nicht aufkochen lassen. Fertig! Nach Belieben kann man dieses Gericht mit Parmesan abrunden.
Durch das nur kurze Erhitzen bleibt das Öl leicht verdaulich; die Tomaten bewahren neben den wichtigen Mineralstoffen die Vitamine, die der Körper bei einer Grippe ganz besonders braucht (Tomaten enthalten viel Vitamin C). Paprikaschoten sind das Gemüse mit dem höchsten Vitamin C-Gehalt. Wenn es Ihnen schmeckt, können Sie es für dieses Gericht ruhig anstelle von Tomaten verwenden, und Ihr Arzt wird Sie besuchen, um sich bei Ihnen zu kurieren.

Gemüsecremesuppe mit Toast

Rezept S. 141

Wundersuppe

Rezept S. 141

Reis mit Erbsen

Pro Person

50 g ausgehülste Erbsen
etwas Butter
50 g Reis
1/2 Glas Weißwein
Salz
1 EL geriebener Parmesan

Die Erbsen waschen und in etwas Butter in einem großen Topf 11 Minuten dünsten. Gleichzeitig in einem zweiten Topf Wasser erhitzen.
Den Reis zu den Erbsen geben. Den Wein angießen und unter Rühren verdampfen lassen. Mit 1 Prise Salz pro Person würzen.
Reis und Erbsen mit dem heißen Wasser bedecken. Den Garvorgang fortsetzen. Gelegentlich rühren und, sobald kein Wasser mehr im Topf ist, etwas nachgießen. Der gesamte Kochvorgang dauert etwa 15 Minuten. Danach den Herd abschalten und noch etwas Butter und den Parmesan unterziehen.
Auch dieses Gericht ist für Kranke eine ausreichende Mahlzeit. Reichlich frisches Obst zum Dessert ergänzt die Nährstoffzufuhr.

Zucchinicremesuppe mit Basilikum

Pro Person

100 g frische Zucchini
5 cl Milch oder Wasser
1 Prise Salz
6 Basilikumblätter
etwas Butter
1 EL geriebener Parmesan

Zucchini von den Enden befreien und waschen.
Die Milch oder (falls sie nicht bekommt) das Wasser in einem Topf zum Kochen bringen. Salzen und die in Stücke geschnittenen Zucchini hineingeben. 15 Minuten kochen, dann den Herd abschalten.

Die gewaschenen Basilikumblätter, Butter und den Parmesan ergänzen. Alles mit dem Zauberstab im Topf (oder auch in der Küchenmaschine) pürieren. Und schon können Sie die leichte, erfrischende Gemüsecreme genießen.
Diese Suppe belastet weder Magen noch Zähne. Wegen des geringen Kaloriengehalts empfiehlt es sich, die Mahlzeit mit gegrilltem Fleisch bzw. Fisch, mit Käse und Salat oder auch mit frischem Obst zu ergänzen.

Pancotto (Brotsuppe) mit Basilikum

Pro Person

1 Tasse Wasser
etwas Salz
1 EL Semmelbrösel
2 Basilikumblätter
1 EL geriebener Parmesan
etwas Butter oder Öl

Wasser mit Salz zum Kochen bringen. Nach dem Aufwallen die Semmelbrösel einrühren und 5 Minuten kochen, dann den Herd abschalten.
Das gewaschene und gehackte Basilikum, den Parmesan und die Butter bzw. das Öl unterziehen. Schon fertig!
Eine gesunde und nahrhafte Speise.

Herzhafter Milchreis

Pro Person

2 Glas Milch
1 Prise Salz
1 Glas Reis
etwas Butter
geriebener Parmesan
nach Geschmack

Die Milch unter Zugabe von Salz aufkochen lassen. Den Reis einstreuen und bei milder Hitze ohne Deckel 20 Minuten garen. Dabei gelegentlich umrühren.
Den Herd abschalten und das Gericht mit Butter und Parmesan vollenden.
Dieses nahrhafte Gericht sollte man ohne Fleisch oder Fisch genießen. Zum Nachtisch essen Sie Äpfel oder anderes Obst, sofern es süß ist, niemals aber saure Früchte, wie Apfelsinen, Mandarinen, Grapefruits.

Grießsuppe

Pro Person

1 Tasse Milch
1 Prise Salz
1 EL Grieß
etwas Butter
geriebener Parmesan nach Geschmack
oder: 1 TL Zucker und wenig Salz

Die Milch aufkochen (ohne Deckel, sonst kann man den Kochvorgang nicht kontrollieren und sie läuft plötzlich über) und salzen.
Nach und nach den Grieß einstreuen und bei niedrigster Temperatur 20 Minuten unter ständigem Rühren garen. (Machen Sie sich nichts daraus, wenn der Grieß ansetzt: Das läßt sich nicht vermeiden.) Den Herd abschalten und die Suppe mit Butter und Parmesan oder mit Zucker verfeinern.
Eine ziemlich gehaltvolle und zugleich leicht verdauliche Mahlzeit. Noch nahrhafter wird sie, wenn Sie nach dem Abschalten des Herdes 2–3 Eigelbe unter kräftigem Rühren unterziehen. Man sieht sie nicht, man schmeckt sie nicht, der Körper aber erkennt ihren Nährwert garantiert. Und je kürzer sie gegart werden, desto bekömmlicher sind sie. Der Grieß übt eine beruhigende Wirkung aus und erleichtert das Einschlafen. Auch nach diesem Gericht genügt als Ergänzung etwas frisches Obst oder, falls Sie es nicht so gerne mögen, etwas frischer Käse bzw. roher oder gekochter Schinken.

Spaghetti mit Tomaten und Basilikum

Pro Person

70 g dünne Spaghetti
1 Eiertomate
4 Basilikumblätter
1 EL Olivenöl
Parmesan nach Geschmack

Reichlich Salzwasser zum Kochen bringen. Die Pasta ins sprudelnde Wasser gleiten lassen und sofort gut umrühren, damit die Spaghetti nicht miteinander verkleben. Die auf der Packung angegebene Kochzeit beachten.
Inzwischen Tomaten und Basilikum waschen und feinhacken. Die Spaghetti abgießen und mit Tomaten, Basilikum, Öl und Parmesan vermischen.

Eine appetitanregende, leichte und vitaminreiche Mahlzeit!
Essen Sie danach kein dunkles Fleisch (z. B. Rind, Lamm), sondern helles Fleisch, das leichter verdaulich ist und besser mit diesem Gericht harmoniert.

Gebratene Seezunge

Pro Person

wenig Butter
1 Salbeiblatt
1 Seezunge
etwas Salz

Butter in einer Pfanne zerlassen und die Salbeiblätter darin anbräunen. Die gesäuberten und gewaschenen Seezungen hineinlegen. (Sie können auch fertig vorbereitete Seezungenfilets kaufen, doch unter Umständen sind diese qualitativ nicht so gut und weniger nahrhaft.) Die Seezungen 2 Minuten braten und wenden. Behutsam vorgehen, damit sie nicht zerfallen. Salzen und auf der zweiten Seite weitere 2 Minuten braten. Fertig!
Ausgezeichnet paßt dazu ein Salat mit Öl und Zitronensaft oder auch gekochtes Gemüse (Zucchini, grüne Bohnen u. ä.).

Kalbfleisch aus Alba

Die Zubereitung dieses Gerichtes ist auf S. 31 beschrieben. Falls Sie für mehrere Personen kochen, so schichten Sie die Fleischscheiben übereinander in eine Schüssel und würzen jeweils mit Salz und Pfeffer, Öl und Zitronensaft. Erst vor dem Servieren richten Sie sie auf einzelnen Tellern an und hobeln Pilze und Parmesan darüber. Zuletzt verteilen Sie den in der Schüssel verbliebenen Saft über den einzelnen Portionen.
Wenn das Kauen und Schlucken schwerfällt, können Sie das Fleisch auch vom Metzger durch den Wolf drehen lassen. Die Zubereitung ist dieselbe wie auf S. 31, allerdings streichen Sie das Gehackte zu einer glatten Lage aus.

Kaninchenfilet vom Grill

Die Zubereitung dieses gesunden, nahrhaften und bekömmlichen Gerichtes können Sie auf S. 82 nachlesen. Pro Person rechnet man mindestens 150 g Fleisch.

Kalbsleber mit Butter und Salbei

Dieses Rezept ist auf S. 17 beschrieben. Als Krankenkost zubereitet genügt pro Person 1 Scheibe Kalbsleber à 70–100 g, die dann auf beiden Seiten jeweils nur 1 Minute gebraten wird. Denn je kürzer die Garzeit, desto zarter und bekömmlicher ist diese nahrhafte, stärkende Mahlzeit.

Truthahnhäppchen

Pro Person

1 Stückchen Truthahnschnitzel oder -keule à 50 g
1 Scheibe roher oder gekochter Schinken oder Bauchspeck
etwas Butter
1 Salbeizweig
1 Prise Salz

Das hier beschriebene Rezept erfordert etwas dickere Fleischstückchen. Diese jeweils mit 1 Schinkenscheibe umwickeln. Butter und Salbei in eine Pfanne geben und das Fleisch darin anbraten. Salzen und zugedeckt 10 Minuten fertiggaren.
Truthahnfleisch trocknet leicht aus. Deshalb wird es bei dieser bekömmlichen, gesunden und leckeren Zubereitungsart mit Schinken oder Speck umwickelt.

Kalbsschnitzel mit Zitrone

Pro Person

1 Kalbsschnitzel à ca. 100 g
etwas Mehl
etwas Öl
1 Prise Salz
gut 1 EL Zitronensaft
etwas abgeriebene Zitronenschale

Die Schnitzel in Mehl wenden. Etwas Öl in einer Pfanne erhitzen und die Schnitzel darin braten. Salzen, mit etwas Zitronensaft beträufeln und leicht mit abgeriebener Zitronenschale bestreuen. (Achtung: Zitronen, deren Schale man verwendet, müssen gründlich gewaschen werden, am besten in Wasser mit Natron. Danach braust man sie unter fließendem Wasser ab und reibt sie trocken.)
Zugedeckt bei niedrigster Temperatur 10 Minuten fertiggaren.
Auf diese Weise zubereitet wird das Fleisch zart und schmackhaft und belastet nicht den Magen.

Kalbsschnitzel mit Oliven

Pro Person

1 Kalbsschnitzel à ca. 70 g
etwas Mehl
etwas Öl
1 Prise Salz
einige schwarze Oliven
1/2 Glas Marsala secco

Die Schnitzel in Mehl wenden. Etwas Öl in der Pfanne erhitzen und das Fleisch darin auf beiden Seiten anbräunen, anschließend salzen. Oliven und Marsala zufügen und die Schnitzel zugedeckt bei niedrigster Temperatur 10 Minuten schmoren.
Schon können Sie dieses appetitanregende und zarte Fleischgericht genießen.

Gebackenes Hirn

Pro Person

2 Scheiben Kalbshirn à ca. 100 g
1 Prise Salz
1 Prise Pfeffer
1 Rosmarinzweig

Das Hirn von der äußeren Haut befreien. (Es ist ganz leicht: Das Fleisch in lauwarmes Wasser legen und die Haut mit den Händen abziehen). Anschließend unter fließendem kaltem Wasser waschen und abtrocknen. Mit einem scharfen Messer auf einem Holzbrett in 2 cm dicke Scheiben schneiden. Das Backblech mit Alufolie bedecken und das Fleisch daraufgeben. Salzen, pfeffern und den Rosmarinzweig darauflegen. Weitere würzende Zutaten sind nicht erforderlich. 15 Minuten im vorgeheizten Ofen bei 250°C backen. Fertig.
Hirn ist sehr phosphorhaltig, hat einen hohen Nährwert und ist leicht verdaulich. Noch bekömmlicher wird es, wenn Sie am Ende des Garvorgangs etwas Zitronensaft darüberträufeln.

Kalbsschnitzel aus Vicenza

Pro Person

1 Kalbsschnitzel
1 EL Öl
1 Prise Salz
1 Prise Pfeffer

Eine Grill- oder Eisenpfanne ohne Zugabe von Öl erhitzen. Die Fleischscheiben beidseitig je 1 Minute braten.
Auf einer Platte anrichten. In einer kleinen Schüssel das Öl mit Salz und Pfeffer gründlich verschlagen und diese Mischung über die Schnitzel verteilen. Fertig.
Eine leichte und nahrhafte Mahlzeit: Das kalt verwendete Öl tut dem Körper gut, der Pfeffer hilft gegen die Grippe! Wenn Sie ihn nicht mögen, können Sie ihn aber auch weglassen.

Kartoffel-Bohnen-Salat

Pro Person

50 g Kartoffeln
etwas Salz
50 g grüne Bohnen
1 EL Olivenöl
etwas Essig oder Zitronensaft (nach Belieben)

Die geschälten und gewaschenen Kartoffeln in einen Topf füllen. Mit kaltem Wasser bedecken, leicht salzen und zum Kochen bringen.
Inzwischen die Bohnen putzen, waschen und zu den Kartoffeln ins kochende Wasser geben. Nach dem erneuten Aufwallen alles 20 Minuten kochen. Abgießen und abkühlen lassen. Die noch lauwarmen Kartoffeln in Stückchen schneiden. Zusammen mit den Bohnen in einer Schüssel mit etwas Salz und Öl, nach Geschmack auch mit etwas Zitronensaft, anmachen. Noch einmal durchmischen – und schon können Sie sich diesen leichten und nahrhaften Salat munden lassen.
Wenn Sie die Bohnen in kaltem Wasser aufsetzen, werden sie unappetitlich gelblich und verlieren an Geschmack. Sämtliche grünen Gemüsesorten werden in kochendes Salzwasser gegeben.

Zwiebel- oder Mohrrübensalat mit Salsa Verde

Pro Person

100 g Zwiebeln oder Mohrrüben
1 kleine Handvoll Petersilienblätter
1 Sardelle in Salz
einige Kapern
1 EL Olivenöl
1 EL Essig

Das geputzte Gemüse in sprudelndes Salzwasser geben und 15 Minuten (Zwiebeln) bzw. 20 Minuten (Mohrrüben) kochen.
Die Petersilienblätter waschen und trockentupfen. Zusammen mit den entsalzenen, entgräteten (s. S. 14) Sardellen und den Karpfen auf ein Holzbrett geben und alles mit dem Wiegemesser fein zerkleinern. Die Mischung in eine kleine Schüssel geben und mit Öl und Essig abrunden. (Noch schneller läßt sich die Sauce in der Küchenmaschine zubereiten: Die angegebenen Zutaten zusammen mit Öl und Essig einfüllen und mixen.)

Das Gemüse abgießen, erkalten lassen und in Stücke schneiden. Zunächst etwas Olivenöl, dann die vorbereitete Sauce unterziehen und gut durchmischen.
Ein schmackhafter, herzhafter und nicht zuletzt sehr gesunder Salat: Das in frischer Petersilie reichlich vorhandene Vitamin C hilft mit seinen heilenden Eigenschaften dem Körper, besser mit der Grippe fertigzuwerden.

Kartoffelauflauf

Pro Person

100 g Kartoffeln
10 g Butter
1 Prise Salz
1 EL geriebener Parmesan
30 g Mozzarella oder Fontina in dünnen Scheiben
1/2 Glas Milch

Kartoffeln schälen, waschen, trockentupfen und in dünne Scheiben schneiden.
Eine ofenfeste Form leicht ausbuttern. Eine Lage Kartoffeln hineingeben und leicht salzen. Mit Parmesan bestreuen, mit einigen Butterflöckchen und ein paar Käsescheiben belegen und etwas Milch darübergießen. Sämtliche Zutaten in dieser Reihenfolge einschichten, dabei mit Parmesan, Butterflöckchen, Käsescheiben und Milch abschließen. Mindestens 45 Minuten im vorgeheizten Ofen bei 250°C backen.
Dieser Auflauf kann abends als Hauptgericht serviert werden, oder auch als Beilage zu gegrilltem Fleisch, Leber, Hirn usw.

Erbsen auf römische Art

Pro Person

etwas Butter
1 Salbeizweig
100 g frische oder tiefgekühlte Erbsen
1 Prise Salz
1/2 Glas trockener Weißwein
30 g gekochter Schinken

Butter und Salbei in eine Pfanne geben. Sobald die Butter geschmolzen ist, die Erbsen hineingeben und kurz andunsten. Salzen, den Wein dazugießen und verdampfen lassen.

Das Gericht zugedeckt 20 Minuten schmoren. Inzwischen den Schinken in Streifchen schneiden. Am einfachsten geht es, wenn Sie die Scheiben vorher zusammenrollen. Den Schinken zu den Erbsen geben und noch 5 Minuten mitgaren. Fertig.
Dieses Gemüsegericht kann abends als Hauptmahlzeit serviert werden. Reichlich frisches Obst zum Dessert führt dem Körper die noch fehlenden Nährstoffe zu.

Gekochte Forelle mit Zitrone

Pro Person

1 Glas Wasser
1 Glas trockener Weißwein
1 Rosmarinzweig
1 Salbeizweig
1 kleiner Bund Basilikum
1 kleiner Bund Petersilie
1 Stange Bleichsellerie
1 Zwiebel
Salz
1 Forelle à ca. 150 g, küchenfertig vorbereitet
Pfeffer (nach Belieben)
1 EL Olivenöl
1 EL Zitronensaft

Wasser und Wein in den Fischkocher oder in eine Kasserolle füllen. Kräuter, Sellerie und Zwiebel waschen und unzerteilt in den Topf geben. Etwas Salz zufügen und alles zum Kochen bringen. Die gewaschenen Forellen in die sprudelnde Flüssigkeit legen. Nach dem erneuten Aufwallen noch 5 Minuten kochen, dann sofort herausnehmen. Die Fische öffnen und von der Mittelgräte befreien. Leicht salzen und pfeffern und mit Öl und Zitronensaft beträufeln.
Auf die gleiche Weise lassen sich Seehecht, Lachs, Petersfisch und Seezunge schmackhaft und aromatisch zubereiten. Sie können zu diesem Gericht auch Mayonnaise oder Aurorasauce (Rezept S. 196, 193) reichen.

Thunfischrolle

Pro Person

100 g Thunfisch in Öl
1 Ei
1 EL Semmelbrösel
1 EL Parmesan

Den Thunfisch gut abtropfen lassen und durch ein Sieb streichen oder in der Küchenmaschine pürieren.

Anschließend in einer Schüssel mit den Eiern, den Semmelbröseln und dem Parmesan gründlich vermischen. Die Masse zu einer Rolle formen. Diese in ein sauberes Küchentuch oder eine Serviette wickeln und die Rolle wie einen Braten mit Garn umbinden.
In einem Topf Wasser unter Zugabe von etwas Salz zum Kochen bringen. Die Rolle ins heiße Wasser legen und 20 Minuten auf kleinster Stufe garen. Herausnehmen und servieren.
Sie können diese leckere und nahrhafte Speise entweder so genießen, mit Öl und Zitrone abrunden oder Mayonnaise dazu reichen.

Schinkenrouladen

Pro Person

30 g Mohrrüben
1 Prise Salz
1 EL Öl
Zitronensaft
30 g Berna
2 Scheiben gekochter Schinken

Die Mohrrüben schälen, waschen und reiben. Mit Salz, Öl und Zitronensaft anmachen. Den Käse ebenfalls reiben.
Auf der Arbeitsfläche eine Schinkenscheibe ausbreiten und zur Hälfte mit 1 EL Mohrrüben belegen. Auf die zweite Hälfte 1 EL Käse verteilen. Die Schinkenscheibe in Längsrichtung zusammenrollen. Den restlichen Schinken auf dieselbe Weise verarbeiten. Fertig.
Ein nahrhaftes und schnell zubereitetes Gericht und zugleich eine komplette Mahlzeit.

Verlorene Eier

Pro Person

1 EL Essig
1 Prise Salz
1 Ei

Einen großen, flachen Topf zur Hälfte mit Wasser füllen, Essig und Salz zufügen. Sprudelnd aufkochen lassen, dann die Temperatur reduzieren. Die Eier einzeln aufschlagen und ins siedende Wasser gleiten lassen. Die Temperatur wieder erhöhen und die Eier garziehen. Sie sind fertig, wenn das Eiweiß stockt (nach ca. 5 Minuten).

Einzeln mit der Schaumkelle herausheben und sofort servieren.
Dies ist eine bekömmliche und leckere Art der Zubereitung: Das Eigelb wird dabei kaum gegart und ist so leichter verdaulich. Verlorene Eier können Sie ohne würzende Zutat oder auch mit etwas Tomatensauce und einem Sardellenfilet genießen.

Gekochtes Kaninchen

Pro Person

1 Stange Bleichsellerie
1 Zwiebel
1 Rosmarinzweig
1 Lorbeerblatt
1 Stück Kaninchenfleisch à ca. 150 g
Zur geschmacklichen Verfeinerung:
Öl, Zitronensaft, Salz, Pfeffer, junge Zwiebeln, verschiedene Saucen

Sellerie und Zwiebel waschen. Zusammen mit den Kräutern mit 1 l Wasser und 1 EL grobem Salz aufsetzen und aufkochen lassen.
Das Fleisch waschen und ins sprudelnde Wasser geben. Bei niedriger Hitze mindestens 1 Stunde kochen. Das fertiggegarte Fleisch mit Öl, Zitronensaft, Salz, Pfeffer und einigen Zwiebelscheibchen würzen.
Eine leicht verdauliche und äußerst schmackhafte Zubereitung, die Sie entweder ohne jede weitere würzende Zutat genießen können oder auch z. B. mit Tomatenketchup, Mayonnaise, Senf, Meerrettich, Salsa Verde (Rezept S. 196, 197). Die Brühe wird durchgeseiht und als Grundlage für Suppen und Risottos verwertet.

Bratäpfel

Pro Person

2 Äpfel
2 EL Zucker

Die Äpfel waschen und abtrocknen. Mit dem Apfelausstecher die Kerngehäuse herausschneiden.
Die Früchte in eine ofenfeste Form oder auf das mit Alufolie ausgelegte Backblech legen. In die Mitte jeweils 1 EL Zucker geben. Im vorgeheizten Ofen bei 250°C mindestens 1 Stunde backen und heiß servieren.

Sie können die Äpfel ebenso samt Kerngehäuse und auch ohne Zucker backen. Bei der beschriebenen Zubereitungsweise werden sie etwas weicher und entwickeln gerade die richtige Süße.

Gedünstete Birnen mit Karamel

Pro Person

2 Birnen
2 EL Zucker
1 Glas Weißwein
1 Glas Wasser
2 Gewürznelken
1 Stückchen Stangenzimt

Die Birnen gründlich waschen und trockenreiben.
In einer weiten Kasserolle 2 EL Zucker karamelisieren (auf niedrigster Stufe erhitzen, bis er schmilzt und goldgelb-glasig wird).
Die ganzen, ungeschälten Birnen hineinsetzen. Wein und Wasser darübergießen. Den restlichen Zucker über die Früchte verteilen. Nelken und Zimt zufügen. Zugedeckt bei milder Hitze 1 Stunde dünsten. Eine leckere Nascherei.

Apfelsinen mit Zucker und Zitronensaft

Pro Person

1 Apfelsine
1 EL Zucker
1 EL Zitronensaft

Die Apfelsinen schälen, dabei auch die weiße Haut sorgfältig abziehen. Die Früchte in feine Scheiben schneiden und diese in eine rechteckige Form mit senkrechtem Rand (z. B. eine ofenfeste Form) schichten. Jede Lage zuckern und mit Zitronensaft beträufeln.
Dieses vitaminreiche und kräftigende Dessert können Sie nach Geschmack auch aus Mandarinen oder Bananen zubereiten. Vorzugsweise sollten Sie Obst am späten Vormittag oder auch am Nachmittag gegen 16 Uhr, also außerhalb der Mahlzeiten, genießen.

3
Wenn die Zähne ihren Dienst versagen

Früher oder später passiert es jedem: Die Zähne versagen ihren Dienst – und die Dritten sind fällig. Eine ziemlich heikle Situation, die so mancher jedoch mit Leichtigkeit bewältigt, indem er einfach akzeptiert, daß die Zähne eben, genau wie man selbst, eines Tages in Pension gehen. Nun sind sie aber unersetzlich für ein unbeschwertes Leben – ob beim Kauen oder beim herzlichen Lachen, und so sollte dieser etwas kritische Moment von der ganzen Familie mitgelebt werden, der ungeduldig Wartende in seiner Situation nicht alleingelassen sein.
Ich empfehle, in einem solchen Fall einen Speiseplan aufzustellen, an den sich alle halten können, damit die Situation nicht durch separate »Töpfchen« noch unnötig erschwert wird. Das betroffene Familienmitglied braucht Speisen, die nicht gründlich gekaut werden müssen, was auch für die Zähne der anderen einmal eine kleine Erholung ist. Und so ist die gesamte Familie an Tisch und Topf vereint.

Passatelli aus der Emilia-Romagna

Pro Person

1 EL geriebenes (altbackenes) Weißbrot
1 EL geriebener Parmesan
1 Ei
1 Prise Salz
etwas abgeriebene Zitronenschale
1 Prise Glutamat-Würzer
1 TL Öl
1 Tasse gute Fleischbrühe

Reibbrot, Parmesan, Eier, Salz, Zitronenschale, Glutamat und Öl in eine Schüssel geben. Gründlich mit dem Holzlöffel vermischen und so lange bearbeiten, bis sich ein weicher, elastischer Teig von etwas festerer Beschaffenheit als Kartoffelpüree ergibt. 3–4 Stunden ruhen lassen.
Die Fleischbrühe aufsetzen. (Es muß schon eine gute Brühe sein, denn es wäre geradezu eine Freveltat, die Passatelli in einer Instantbrühe zu kochen.)
Nun die Passatelli zubereiten. In Italien benutzt man dazu ein ganz spezielles Gerät, doch geht es ebensogut mit der Kartoffelpresse. Eine Teigkugel von der Größe einer mittleren Kartoffel formen und über dem Topf durch die Presse treiben, so daß die Passatelli direkt in die siedende Brühe fallen. Nun eine zweite Kugel verarbeiten und so fortfahren, bis der ganze Teig aufgebraucht ist. Dann erst den Herd abschalten. Fertig.
Ein nahrhaftes und leicht verdauliches Gericht, das ohne weiteres als Hauptmahlzeit serviert werden kann, wenn es zum Dessert reichlich frisches Obst gibt.

Capelli d'angelo mit Öl und Basilikum

Für zwei Personen

150 g Capelli d'angelo
etwas gehacktes Basilikum
2 EL Öl
2 EL geriebener Parmesan

Gut 2 l Wasser unter Zugabe von 1 EL grobem Salz zum Kochen bringen. Die Pasta in das sprudelnde Wasser geben. Nach 2 Minuten abgießen. Mit Basilikum, Öl und Parmesan vermischen.

Hühnercremesuppe

Für zwei Personen

20 g Butter
1 EL Mehl
1/2 l Fleischbrühe
100 g gekochtes Hühnerfleisch ohne Haut
Salz
150 g frische Sahne
1 Eigelb

In einem Topf mit schwerem Boden die Butter zerlassen und das Mehl mit einem Holzlöffel einrühren. Nach und nach die Brühe angießen, dabei ständig rühren.
Auf niedrigster Stufe 20 Minuten kochen. Inzwischen das Hühnerfleisch durch ein Sieb streichen oder im Mixer pürieren. Nach 20 Minuten zur Brühe geben und umrühren. Die Suppe mit Salz abschmecken, mit der Hälfte der Sahne binden und den Herd abschalten.
Das Eigelb mit der restlichen Sahne in einer Suppenterrine mit der Gabel verquirlen. Nach und nach die heiße Suppe dazugießen. Noch einmal durchrühren und auftischen.
Dieser Gaumenschmaus ist so nahrhaft, daß er als Hauptgericht serviert werden kann. Frisches Obst zum Dessert macht die Mahlzeit komplett.

Polenta mit Fonduta

Für zwei Personen

Für die Polenta:	**Für die Fonduta:**
150 g Maisgrieß	*200 g Fontina (Vollfettstufe) in dünnen Scheiben*
1 EL Öl	*Milch nach Bedarf*
	2 Eigelb

Zunächst die Polenta vorbereiten: Einen Topf mit 1 l gesalzenem Wasser aufsetzen. Das Öl zufügen und langsam den Maisgrieß einstreuen, dabei ständig mit dem Schneebesen oder Holzlöffel rühren. 20 Minuten kochen und zwischendurch immer wieder durchmischen.
Nach beendeter Kochzeit die Polenta in eine Puddingform mit Loch gießen. Leicht auskühlen und erstarren lassen. Danach in der Form in den Ofen schieben.

Zubereitung der Fonduta: Die Käsescheiben in einen Kupfer- oder Edelstahltopf mit starkem Boden geben und mit heißem Wasser bedecken. Nach etwa 2 Minuten das Wasser abgießen.
Über den nun weichen Käse soviel Milch gießen, daß er soeben bedeckt ist. Den Topf auf die minimal geheizte Herdplatte stellen. Ständig mit dem Holzlöffel rühren, bis Käse und Milch zu einer homogenen Mischung verschmolzen sind.
Den Topf vom Herd ziehen und die Eigelbe einzeln energisch unterrühren. Die Sauce wieder auf den Herd stellen und rühren, bis die Fonduta eindickt. Die Zubereitung ist ganz einfach, doch Achtung: Die Sauce darf auf keinen Fall kochen, sie soll nur dickflüssig werden.
Die Polenta aus dem Ofen nehmen und auf einen runden Teller stürzen. Die heiße Käsesauce in das Loch gießen und die Polenta sofort servieren.
Ein nahrhaftes Gericht, das sich ohne weiteres sehen lassen kann. Wenn Sie zum Dessert viel frisches Obst reichen, können Sie die Polenta als Hauptmahlzeit servieren.

Spinatrahmsuppe

Für zwei Personen

250 g frischer Spinat
1 Prise Salz
20 g Butter
1 EL Mehl
1/4 l Milch
100 g Sahne
2 große EL geriebener Parmesan

Den Spinat verlesen und waschen. Ohne Zugabe von Wasser mit etwas Salz in einen Topf geben und 10 Minuten garen.
Abgießen, dabei die Dünstflüssigkeit auffangen. Den Spinat kalt abbrausen, ausdrücken und durch ein Sieb streichen bzw. im Mixer pürieren.
In einer Kasserolle mit starkem Boden die Butter zerlassen. Das Mehl zufügen und gut rühren. Es dürfen sich keine Klümpchen bilden! Nach und nach die kalte oder auch warme Milch dazugießen und alles gründlich glattrühren. Nun den pürierten Spinat, dann die Dünstflüssigkeit unterziehen. Die Suppe mit der Sahne binden und 10 Minuten kochen. Den Herd abschalten, den Parmesan einrühren und die Suppe sofort zu Tisch bringen.
Diese nahrhafte Zubereitung ist besonders bekömmlich, da die Milch die Säure neutralisiert.

Tomatencremesuppe

Für zwei Personen

250 g reife Fleischtomaten
20 g Butter
1 Basilikumstengel
1 EL Mehl
1/4 l Milch
1 Prise Salz
1 Prise Zucker
100 g Sahne

Die Tomaten waschen, in Stücke schneiden und von den Samenkernen befreien. Mit der Hälfte der Butter und den gewaschenen Basilikumblättern in einen kleinen Topf geben. Bei milder Hitze unter häufigem Rühren dünsten.
Inzwischen die restliche Butter in einer Kasserolle mit starkem Boden zerlassen. Das Mehl einstreuen und rühren, so daß sich keine Klumpen bilden. Nun nach und nach die Milch angießen und dabei ständig weiterrühren.
Diese Béchamelsauce 10 Minuten kochen. Währenddessen die Tomaten durchpassieren und mit je 1 Prise Salz und Zucker (er neutralisiert die Fruchtsäure) abschmecken. Nach 10 Minuten die Tomaten zur Bèchamelsauce geben, umrühren und die Suppe mit der Sahne vollenden. (Am besten ist frische Sahne und nicht etwa die in kleinen Kartons, deren Herstellungsgeheimnis nur unser Hergott kennt.)
Eine ausgezeichnete und auch nahrhafte Suppe. Dazu passen gut im Ofen (nicht in der Pfanne mit Butter oder Öl) geröstete Weißbrotscheiben.

Spargelcremesuppe

Für zwei Personen

500 g frischer Spargel
3 dl Fleischbrühe
3 dl Wasser
Salz
20 g Butter
1 EL Mehl
100 g Sahne
2 EL geriebener Parmesan

Spargel mit einem scharfen Messer schaben, sorgfältig waschen, holzige Stellen entfernen.
Fleischbrühe und Wasser unter Zugabe von etwas Salz in einer Kasserolle zum Kochen bringen. Die Spargelstangen ins sprudelnde Wasser geben und 20–30 Minuten kochen. Abgießen und das Kochwasser auffangen. Die Spargelköpfe von den Stangen abtrennen.

Aus der Hälfte der Butter und dem Mehl eine Mehlschwitze zubereiten (wie im vorherigen Rezept beschrieben). Mit dem Spargelwasser auffüllen. Langsam durchkochen und dabei gelegentlich rühren. Die zarten Spargelköpfe hineingeben. Die Spargelstangen durch ein Sieb streichen und ebenfalls dazugeben. Die Suppe mit der Sahne verfeinern und 1 Minute durchkochen. Den Herd abschalten und den Parmesan unterziehen. Und schon ist diese schmackhafte, leichte Suppe fertig, die allerdings nicht geeignet ist für Personen mit Nierenleiden.

4
Wenn die Perle gekündigt hat

Der rechte Moment, um sich in aller Ruhe noch einmal all das ins Gedächtnis zu rufen, was Ihre Mutter einst zu Hause für Sie tat. Wecken Sie Ihre Erinnerung, und Sie werden erstaunt sein, was Ihnen alles wieder einfällt. Doch denken Sie lieber zurück an die Zeit, als Sie noch zu Hause lebten und nicht an Momente, als Sie Ihre Familie zu Hause besuchten. Denn wenn Sie heute nach Hause kommen, dann kocht Ihre Mutter bestimmt ganz besonders leckere Sachen für Sie.
Gewiß, Sie haben etwas Besonderes verdient, denn Sie sind ja so etwas wie ein »Hochleistungsmotor«, jemand mit großer Verantwortung. Wer sich den anderen widmet, kann sich selbst keine Probleme leisten. Das soll nicht heißen, daß Sie nicht Hunger verspüren dürfen, aber Sie sollen nicht vergangenen Zeiten nachtrauern. Sie müssen stets in Form sein, frohen Mutes und bereit, den ihren zur Seite zu stehen.
Eine gute und gesunde Ernährung hilft dabei. Und wenn Sie keine hohen persönlichen Ansprüche stellen, wenn Ihnen Ihre heitere Gemütsverfassung oder Zuversicht am allerwichtigsten sind, umso besser. Damit wird alles noch viel einfacher! Vielleicht wissen Sie sogar schon, wie Ihr Magenfahrplan aussehen soll. Dann ist der Anfang eigentlich schon gemacht.
Erleben Sie, wie schön es ist, sich selbst zu erfreuen mit einer geheimen Kunst, die Sie sich beinahe nicht mehr zugetraut hätten.
Nun, da die Haushälterin gegangen ist, fühlen Sie sich vielleicht zuerst ein wenig konfus und haben zunächst wenig Lust, selbst am Herd zu stehen.
Denken Sie doch einmal nach: Im Rahmen Ihrer familiären Aufgaben sind Sie an Planung und Einteilung gewöhnt. Also gut! Dann stellen Sie sich jetzt einen Plan auf und kommen Ihrer persönlichen Pflicht nach, indem Sie selbst für eine gesunde und dabei zugleich preiswerte Ernährung sorgen – und das mit Freuden!

Grundsätzliches zur Ernährung

Weshalb müssen wir essen? Der Grund ist ganz einfach: Wir führen damit unserem Organismus immer wieder diejenigen Stoffe zu, die er ständig verbraucht, um uns am Leben zu halten, Energie zu liefern und uns bei der Erfüllung unserer Pflichten zu helfen.

Welche sind die wichtigsten Lebensmittel? Sie sind alle wichtig, sofern wir sie in angemessenen Mengen zu uns nehmen.

Die gesündeste ist eine abwechslungsreiche Ernährung, in der alle Nährstoffe vorkommen.

Schauen wir uns die wichtigsten Nahrungsmittel einmal an:

Fleisch: Es ist wichtig, denn es enthält Proteine, die der Körper zur Gewebsbildung braucht. Man sollte wenig und immer wieder unterschiedliches Fleisch essen, also nicht ständig Steak vom Kalb, sondern ebenso vom Lamm, Rind, Schwein usw. Doch ein Steak enthält stets nur eine bestimmte Art von Nährstoffen, weshalb der Speisezettel alle Fleischsorten berücksichtigen sollte, also Bratenfleisch ebenso wie Hirn, Leber usw. Auf jeden Fall fühlt man sich wohler und lebt länger, wenn man wenig Fleisch ißt.

Fisch: Äußerst gesund, leicht verdaulich und ein wichtiger Phosphor- und Eiweißlieferant. Doch auch hier gilt: nicht immer nur Forelle, Kabeljau oder Lachs, sondern alles, was der Fischhändler zu bieten hat.

Käse und Milchprodukte: Sie spielen bei der Ernährung eine wesentliche Rolle, denn sie sind sehr eiweiß- und mineralstoffreich. Im Vergleich zum Fleisch richten sie, in all ihrer Vielfalt genossen, weniger Schaden an und besitzen weniger Gegenanzeigen.

Obst und Gemüse: Davon können Sie eigentlich nicht genug bekommen. Wählen Sie stets frisches Obst und Gemüse je nach Jahreszeit und essen Sie es möglichst roh, da der Garvorgang den Nährstoffgehalt beeinträchtigt. Obst und Gemüse versorgen den Organismus mit Vitaminen, Mineralstoffen und auch Wasser, das für die Aufrechterhaltung einer konstanten Körpertemperatur und die Assimilation, also die Umwandlung der aufgenommenen Nahrungsstoffe in körpereigene Substanzen, unerläßlich ist.

Wurstwaren und Konserven: Verwenden Sie sie lieber in Maßen, denn sie enthalten, mit Ausnahme hausgemachter Produkte, meist Konservierungsstoffe.

Öl und Butter: Sie sollten vorzugsweise nicht erhitzt und in jedem Falle äußerst sparsam verwendet werden.

Was ist ungesund?
Von einigen Ausnahmen abgesehen, ist nur das ungesund, was man mit Widerwillen ißt oder was schlecht zubereitet ist. Was man dagegen mit Appetit verspeist, kann gar nicht schlecht bekommen.
Unser Organismus verfügt über außergewöhnliche Schutzmechanismen, zwischen seinen verschiedenen »Einrichtungen« herrscht gute Zusammenarbeit. Wenn unser Gehirn den Duft oder appetitlichen Anblick einer Speise wahrnimmt, macht es davon dem Magen Mitteilung. Und der wiederum reagiert positiv, indem er uns das Wasser im Munde zusammenlaufen läßt und damit das O.K. für den Empfang der gerochenen oder gesehenen Speise gibt. Wenn einem etwas schwer im Magen liegt, dann ist das meist auf Unwohlsein oder Spannung zurückzuführen. Übrigens ist Kochen eine ausgezeichnete Therapie.

Wie stellt man eine Mahlzeit zusammen?
Ganz einfach: mit Speisen, die das ganze Spektrum der Nährstoffe enthalten.
Im Normalfall gibt es einen ersten Gang – Suppe, Pasta oder Reis, die Stärke und Zucker enthalten – und danach Fleisch mit Gemüse bzw. Salat und Obst.
Wenn Pasta auf den Tisch kommt, sollte man danach kein Fleisch essen, sondern nur Käse und Gemüse. Die richtige Kombination ist ganz wichtig: Pasta ist schnell verdaut, ebenso Fleisch allein, doch zusammen machen sie sich gegenseitig – und damit auch Ihnen – das Leben schwer.
Auch dürfen auf keinen Fall die Vitamine fehlen: Rohes Gemüse ist ein zuverlässiger Lieferant. Obst dagegen sollte, mit Ausnahme von Äpfeln, stets außerhalb der Mahlzeiten genossen werden.
Nachstehend sind ein paar einfache Gerichte beschrieben, die auch dem Anfänger garantiert gelingen. Weitere Anregungen finden Sie in anderen Kapiteln, in Ihrem Fall insbesondere bei den Rezepten für den Strohwitwer.
Die Mengen habe ich für zwei Personen berechnet, was allerdings nicht heißen will, daß Sie für zwei essen sollen. Aber vielleicht hilft es Ihnen, wenn Sie jemanden einladen möchten. Ich habe vollstes Vertrauen in Ihre Rechenkünste!

Tagliatelle mit Butter und Salbei

Die Anleitung für dieses leckere, leichte und gesunde Gericht finden Sie auf S. 13.

Spaghettini mit Gorgonzola

Die Zubereitung erfolgt wie bei dem Rezept »Gnocchetti sardi« auf S. 13, die Mengen sind die gleichen. Zusammen mit einem gemischten Salat oder mit Obst zum Dessert haben Sie eine komplette Mahlzeit.
Die Gorgonzolasauce paßt auch zu Gnocchi di patate oder Polenta.

Pilz-Risotto

Für zwei Personen

1 kleine Zwiebel
1 EL Öl
1/2 EL grobes Salz
1 Salbeizweig
1 Rosmarinzweig
150 g Reis
1/2 Glas trockener Weißwein
1 Tütchen getrocknete Pilze
20 g Butter
2 EL geriebener Parmesan

Die Zwiebel waschen und in hauchfeine Scheiben schneiden. Das Öl in eine Kasserolle geben und die Zwiebel bei milder Hitze darin goldgelb anschwitzen.
Inzwischen in einem kleinen Topf 1/2 l Wasser unter Zugabe von Salz, Salbei und Rosmarin zum Kochen bringen. Den Reis zur Zwiebel geben und umrühren. Den Wein angießen und unter Rühren verdampfen lassen.
Die Hälfte der vorbereiteten Kräuterbrühe dazugießen und den Reis unter gelegentlichem Rühren darin garen. Sobald er die Flüssigkeit aufgesogen hat, wieder etwas nachfüllen und durchrühren.
Inzwischen die Pilze 2–3 Minuten in einer Schöpfkelle Brühe einweichen, anschließend die Brühe abgießen und zum Reis geben. Die Pilze kleinschneiden und unter den Reis mischen. Weiterrühren, bis der Reis beinahe gar ist. Zuletzt Butter und Parmesan unterziehen und den Garvorgang vollenden.

Fleischbrühe mit Nudeleinlage

Für zwei Personen

2 Suppenteller Fleischbrühe
2 gehäufte EL Suppennudeln (auch 4 gehäufte EL, wenn Sie eine dickflüssige Suppe zubereiten möchten)
2 EL geriebener Parmesan

Die Fleischbrühe in einem Topf erhitzen. Sobald sie aufwallt, die Nudeln einrühren und 15 Minuten kochen. Zuletzt den Parmesan hineingeben und die Suppe sofort servieren.
Weitere Vorschläge für Suppen finden Sie in den Kapiteln »Wenn die Zähne ihren Dienst versagen« und »Rezepte für den Strohwitwer«.

Siedefleisch

Für zwei Personen

1 Mohrrübe
1 Stange Bleichsellerie
1 Zwiebel
1 Tomate
1 Salbeizweig
1 Rosmarinzweig
1 EL grobes Salz
400 g Rindfleisch (Hochrippe oder Mittelbug)
1 Suppenknochen

Die Gemüse und Kräuter waschen und zerkleinern. Mit reichlich Wasser unter Zugabe von Salz in einem großen Topf zum Kochen bringen.
Das Fleisch und den gewaschenen Knochen ins sprudelnde Wasser geben. Zugedeckt bei minimaler Hitze mindestens 2 Stunden kochen. Achtung: Das Fleisch muß unbedingt in kochendes Wasser gegeben werden, da es sonst seinen ganzen Geschmack an das Wasser abgibt. So erhält man zwar eine ausgezeichnete Brühe, aber fades Fleisch.
Nach Beendigung des Kochvorgangs das Fleisch auf einer Platte anrichten. Sie können es ohne weitere Zutat genießen oder auch z. B. Mayonnaise, Thunfischsauce (Rezepte S. 196, 198) oder Senf dazu reichen. Ausgezeichnet schmeckt es auch mit Öl, Pfeffer, Salz und – nach Geschmack – etwas Zwiebel.
Die Fleischbrühe verwenden Sie als Grundlage für eine Suppe oder auch einen Risotto.

Kaninchen Haushälterin-Art

Für zwei Personen

1 Rosmarinzweig
1 Lorbeerblatt
2 EL Olivenöl
4 Stücke Kaninchenfleisch à 100 g
Salz
1/2 Glas trockener Weißwein
200 g frische (oder auch eingemachte) Tomaten
200 g Kartoffeln

Die Kräuter waschen und mit dem Öl in eine Kasserolle geben. Das Öl erhitzen und das Fleisch darin ringsum anbraten, anschließend salzen.
Den Wein angießen und verdampfen lassen. Die gewaschenen und in dünne Scheiben geschnittenen Tomaten (eingemachte Tomaten bedürfen keiner Vorbereitung) ergänzen und das Gericht zugedeckt bei niedriger Temperatur 5 Minuten schmoren. Inzwischen die Kartoffeln schälen, waschen und in Stückchen schneiden. Zum Fleisch geben, alles durchmischen und noch weitere 20 Minuten garen.
Mit Salz abschmecken und ein letztes Mal durchrühren.
Eine vollständige Mahlzeit, von der Sie am besten gleich mehrere Portionen zubereiten. So sparen Sie sich in den nächsten Tagen Zeit und Arbeit.

Gebratener Seehecht

Für zwei Personen

20 g Butter
1 Salbeizweig
2 Seehechtschnitten à 200 g (nach Belieben auch Schwertfisch oder Thunfisch)
Salz

Butter und Salbei in die Pfanne geben. Die Fischschnitten in der zerlassenen Butter bei kräftiger Hitze 6 Minuten braten, dabei salzen und gelegentlich behutsam wenden.
Zusammen mit einem guten Salat ein schmackhaftes Gericht.

Geröstete Paprikaschoten

Für zwei Personen

4 große, fleischige Paprikaschoten (ca. 1 kg)
2 EL Olivenöl
Salz
Essig (nach Belieben)

Das Backblech mit Alufolie bedecken. Die gewaschenen und abgetrockneten Paprikaschoten darauflegen. In den vorgeheizten Ofen schieben und bei 250°C 15 Minuten rösten. Dann wenden und weitergaren, bis das Gemüse ringsum schön gebräunt ist. Dies dauert etwa 1 Stunde.
Nun den Ofen abschalten und die Paprikaschoten nach 10 Minuten herausnehmen. In eine Plastiktüte geben und diese gut verschließen. Erst wieder herausnehmen, wenn sie völlig erkaltet sind. Nun lassen sie sich ganz einfach häuten.
Die Paprikaschoten halbieren und von den Samenkörnern befreien. In Streifen schneiden und in einer Schüssel mit Öl und Salz, nach Belieben auch mit Essig abschmecken.
Man kann sie einfach so essen oder aber auch mit Sardellen. Und sie sind eine leckere Ergänzung zu gekochtem und gegrilltem Fleisch sowie zu Fisch.

Pikante Kartoffeln

Für zwei Personen

300 g Kartoffeln
1 kleiner Bund Petersilie
1 EL Kapern
2 Sardellenfilets
4 EL Olivenöl
Salz
Pfeffer
Senf

Die ungeschälten Kartoffeln in kaltem Wasser aufsetzen und nach dem Aufwallen des Wassers 20 Minuten kochen. Abgießen und abkühlen lassen.
Inzwischen die Petersilie waschen und die Blätter zusammen mit den Kapern und Sardellen feinwiegen. Diese Mischung in einer Schüssel mit Öl, Salz, Pfeffer und Senf abschmecken und alles gut verrühren.

Die Kartoffeln schälen und in Stückchen oder dünne Scheiben schneiden. Leicht salzen und etwas Öl unterziehen. Mit der vorbereiteten Sauce vermischen und … fertig!
Weitere Rezeptvorschläge finden Sie, wie ich eingangs schon sagte, in den betreffenden anderen Kapiteln und natürlich im Verzeichnis der Gerichte am Ende des Buches.

5

Wenn die Kinder keinen Appetit haben

1. *Finden Sie die Gründe heraus – nicht selten sind sie seelischer Natur. Eheliche Konflikte, längere Abwesenheit eines Elternteils oder Nervosität und Erschöpfung, die Sie auf die Kinder übertragen, könnten die Ursache sein. Eine solche Situation stellt die psychologisch-pädagogischen Fähigkeiten der Eltern auf eine harte Probe.*

2. *Liegen medizinische Gründe vor, dann ist die Angelegenheit recht einfach mit einem geeigneten Speiseplan aus der Welt zu schaffen, den der Kinderarzt für Sie ausarbeitet. Handelt es sich um psychische Ursachen, dann ist die Lage schon etwas schwieriger, aber dennoch zu beheben. Tischen Sie appetitliche Speisen auf, die Ihre Kinder gerne essen und die zugleich nahrhaft und gesund sind. Seien Sie unbeschwert und belasten Sie Ihre Kinder nicht mit Gefühlen der Besorgnis, bedrängen Sie sie nicht mit Bitten und Versprechen.*

Doch vergessen Sie über all dem nicht, den wahren Ursachen auf den Grund zu gehen. Es hilft auch, die Kinder spielerisch an der Zubereitung der Speisen teilhaben zu lassen. Jeder kann, wenn er wirklich will, eine solche Situation beheben, vorausgesetzt er hegt keine Erwartung auf Belohnung. Kinder haben ein Recht auf ein fröhliches Leben; wälzen Sie also Ihre ureigensten Probleme nicht auf sie ab.

Ein Kind empfindet viel deutlicher, was Sie denken, als das, was Sie sagen. Vergessen Sie nicht, daß Kinder – zumindest in jungen Jahren – erwidern, was sie bekommen. Ein glückliches Kind ist Ihnen ein Leben lang ein guter Freund.

Süße Grießspeise mit verstecktem Ei

Für zwei Personen

1 l Milch
1 Prise Salz
2 EL Hartweizengrieß
2 Eigelb
2 EL Zucker

Die Milch unter Zugabe von Salz aufkochen. Sobald sie aufwallt, den Grieß langsam einstreuen und dabei kontinuierlich rühren, damit sich keine Klumpen bilden.
Unter ständigem Rühren gut 15 Minuten kochen. Den Herd abschalten und sofort die Eigelbe energisch unterziehen. Die Speise süßen, noch einmal durchmischen und zu Tisch bringen.
Ein äußerst nahrhaftes und gesundes Gericht: Grieß wird meist aus Hartweizen gewonnen und ist sehr eiweißreich; Milch hat einen hohen Nährwert; die roh verwendeten Eigelbe sind sehr leicht verdaulich und der Zucker schließlich ergänzt das Nährstoffspektrum. Kinder mögen diese süße und cremige Speise besonders gern. Sie können sie ohne weiteres als Hauptgericht servieren. Frisches Obst macht die Mahlzeit komplett.

Pasta mit Öl und Parmesan

Dieses Rezept können Sie auf S. 15 nachlesen. Wählen Sie die Lieblingsnudeln Ihrer Kinder und bereiten Sie für zwei Portionen 100 g zu (die Kochzeit ist im allgemeinen auf der Packung angegeben). Bei dieser Menge genügen zum Verfeinern 2 EL Olivenöl.

Spinat-Gnocchi

Für zwei Personen

100 g gekochter Spinat
50 g Ricotta
2 Eigelb
1 EL Mehl
2 EL geriebener Parmesan
20 g Butter
2 EL Parmesan zum Verfeinern

Den gekochten und ausgedrückten Spinat kurz im Mixer pürieren. Ricotta, Eigelbe, Mehl und Parmesan dazugeben und alles zu einer glatten, konsistenten Masse verrühren.

In einem weiten, flachen Topf 1 l Wasser unter Zugabe von 1 EL grobem Salz zum Kochen bringen. Aus der Gnocchi-Masse mit einem kleinen Löffel etwas Teig abstechen und diesen mit Hilfe eines zweiten Löffels ins sprudelnde Wasser gleiten lassen. Auf diese Weise den gesamten Teig verarbeiten.
Es macht nichts, wenn einige Gnocchi bereits an die Wasseroberfläche steigen. Sobald der gesamte Teig verarbeitet ist, den Herd hochschalten und warten, bis alle Gnocchi an die Oberfläche kommen. Nun werden sie schnell mit einer Schaumkelle herausgenommen und in eine Schüssel gefüllt.
Die Butter in einem Pfännchen zerlassen. (Nicht bräunen: Zu stark erhitztes Fett ist ungesund für Kinder, da ihre Leber empfindlicher als die von Erwachsenen ist.) Die Gnocchi mit Butter und Parmesan verfeinern.
Ricotta ist gesund, Spinat enthält viel Eisen, Eier sind eine vollwertige Nahrung, Butter und Parmesan runden dieses herrliche Gericht ab.

Reis mit Käse

Für zwei Personen

200 g Reis
80 g gemischter Käse (z. B. je 20 g Mozzarella, Stracchino, Groviera, Bel Paese)
20 g geriebener Parmesan, 2 EL Olivenöl

Ein Hinweis: Verwenden Sie keinen extrem fetten oder pikanten Käse, auch nicht Schmelzkäse oder Scheibletten, die oftmals aus Nebenprodukten hergestellt werden.
Normalerweise ist Käse für Kinder eine begehrte Nascherei. Deshalb ist es eine gute und gesunde Idee, Käse im Reis zu »verstecken« und in einem spielerischen Wettbewerb – Wer schmeckt als erster die einzelnen Käsesorten im Reis heraus? – die Kleinen zum Essen anzuregen. Käse ist aufgrund seines hohen Gehalts an Proteinen und Mineralstoffen, die für das körperliche Wachstum so wichtig sind, äußerst gesund.
In einer Kasserolle 1 l gesalzenes Wasser aufkochen. Den Reis hineingeben, umrühren und zugedeckt 20 Minuten garen.
Inzwischen die verschiedenen Käsesorten feinwürfeln. Den Reis abgießen. Dic Käsewürfelchen zusammen mit dem Reis in die Kasserolle geben. Alles auf kleinster Stufe so lange erhitzen, bis der Käse schmilzt.

Den Herd abschalten und zuletzt den Parmesan untermischen.
Reichen Sie zu diesem nahrhaften und leicht verdaulichen Gericht frisches Obst, und die Mahlzeit ist komplett.

Spaghettini mit Tomaten und Kräutern

Für zwei Personen

100 g vollreife Tomaten
1 kleine Zwiebel
1 Basilikumstengel
1 kleiner Bund Petersilie
1 TL Salz
120 g Spaghettini
2 TL Olivenöl Qualität »extra vergine«
2 EL geriebener Parmesan

Die gewaschenen, ganzen Tomaten mit der Zwiebel und den Kräutern in einen Topf geben. Salzen und zugedeckt 10 Minuten kochen.
Inzwischen in einem zweiten Topf 1 l Wasser mit 1 Prise grobem Salz zum Kochen bringen. Die Spaghettini ins sprudelnde Wasser gleiten lassen und sofort mit dem Holzlöffel voneinander lösen. 7–8 Minuten kochen.
Die Tomaten-Kräuter-Sauce über einer Schüssel durch ein Sieb streichen. Die Spaghettini abgießen und mit der Sauce vermischen. Öl und Parmesan unterziehen.
Diese herzhafte und bekömmliche Zubereitung schmeckt besonders Kindern, die meist ganz versessen auf Tomatensauce sind, und sie ist viel gesünder als fertige Saucen mit ihren Konservierungsmitteln.

Fettuccine mit Erbsen und Schinken

Für zwei Personen

50 g frische oder tiefgefrorene Erbsen (nicht aus der Dose)
2 EL Olivenöl
Salz
2 Scheiben magerer gekochter Schinken
120 g frische Fettuccine
2 EL geriebener Parmesan

Die ausgehülsten oder aufgetauten Erbsen mit 1 EL Öl und 1 Prise Salz in einen kleinen Topf geben und zugedeckt bei milder Hitze 25–30 Minuten

dünsten. Sollten sie beginnen anzubrennen, 1/2 Glas kaltes Wasseer dazugießen.
Die Schinkenscheiben aufrollen, feinstreifig schneiden und zu den Erbsen geben. Die Herdplatte abschalten.
In einem größeren Topf 1 l Wasser unter Zugabe von etwas Salz erhitzen. Die Fettuccine in das kochende Wasser geben und 5–7 Minuten garen. Abgießen und mit den Erbsen und Schinkenstreifchen vermischen. Das restliche Öl und den Parmesan unterziehen.
Ein ausgezeichnetes Gericht, das Sie am besten mit frischem Obst zum Dessert ergänzen.

Spinat-Frikadellen

Für zwei Personen

100 g Kalbskeule	*1 Ei*
2 Scheiben gekochter Schinken	*1 Prise Salz*
100 g gekochter Spinat	*1 EL Olivenöl*

Fleisch und Schinken vom Metzger gleich durch den Wolf drehen lassen.
Die Frikadellen zubereiten: Das Gehackte, den durchpassierten Spinat, Ei und Salz gründlich miteinander vermengen. 2 Frikadellen formen und auf etwa 2 cm Höhe flachdrücken.
Das Öl in einer Pfanne erhitzen und die Frikadellen 1 Minute auf der einen, 2 Minuten auf der anderen Seite braten. Fertig.
Dieses schmackhafte und nahrhafte Gericht wird mit frischem Obst oder einem Fruchtsorbet (siehe S. 216) zu einer vollständigen Mahlzeit.

Schinkenröllchen mit Mozzarella

Für zwei Personen

50 g Mozzarella
2 Scheiben gekochter Schinken (50 g)

Den Mozzarella in streichholzdünne Stifte schneiden. Die Schinkenscheiben auf der Arbeitsfläche ausbreiten und den Käse darauf verteilen. Die Scheiben zusammenrollen.
Eine nahrhafte und zugleich leichte Zubereitung, die man gerne nach einem Spaghettigericht oder einer Gemüsesuppe reicht. Frisches Obst zum Dessert sollte auch in diesem Fall nicht fehlen.

Wachsweiche Eier mit Streichholzkartoffeln

Für zwei Personen

120 g Kartoffeln
2 Glas Olivenöl Qualität »extra vergine«
Salz
2 frische Eier

Die gewaschenen, geschälten und abgetrockneten Kartoffeln in streichholzgroße Stifte schneiden.
Das Öl in einer Pfanne erhitzen und die Streichholzkartoffeln darin goldbraun backen. Achtung: Sie steigen von selbst an die Oberfläche, sobald sie fertig sind. Stochern Sie also nicht mit der Gabel zwischen ihnen herum, sie werden dabei nur durchlöchert und saugen sich dann voll Öl. Die fertigen Kartoffeln mit dem Schaumlöffel herausheben, zum Abtropfen auf Küchenkrepp legen und salzen.
Die Eier in einem kleinen Topf mit kaltem Wasser bedecken und kochen. Sie dürfen nicht länger als 1 Minute im sprudelnden Wasser liegen. Anschließend auf einen Teller in einen Eierbecher setzen, öffnen und salzen. Die Kartoffeln ringsherum anordnen. Die Kinder können die Stifte ins Ei tauchen und haben so großen Spaß beim Essen.

Feines Kartoffelpüree

Für zwei Personen

150 g Kartoffeln
4 EL Milch
20 g Butter
2 EL geriebener Parmesan
2 frische Eier

Die Kartoffeln schälen, waschen und in kaltem Wasser mit 1 Prise grobem Salz aufsetzen. Nach dem Aufwallen 20 Minuten kochen. Anschließend mit dem Kartoffelstampfer zerdrücken.
Die Milch gut unterziehen und das Püree erhitzen. Butter, Parmesan und die ganzen Eier schnell untermischen und das Püree heiß servieren.
Falls erforderlich, im Ofen oder Wasserbad warm stellen. Niemals direkt auf der Platte aufwärmen, da dies den Geschmack beeinträchtigt und außerdem die Eier unter Hitzeeinwirkung zu sehr gegart werden. Sie

müssen aber roh bleiben, weil sie dann leichter verdaulich sind und auch dem Gericht seinen delikaten Geschmack verleihen.
Mit frischem Obst zum Dessert wird dieses feine und zugleich äußerst gehaltvolle Püree zu einer vollständigen Mahlzeit.

Kalbsleber mit Erbsen

Für zwei Personen

20 g Butter
2 Salbeiblätter
100 g Erbsen (frisch oder aus der Tiefkühltruhe)
150 g Kalbsleber
Salz

Die Butter mit dem Salbei in eine Kasserolle geben und die Erbsen darin einige Minuten dünsten. 1/2 Glas Wasser angießen und den Garvorgang zugedeckt 15 Minuten auf niedrigster Stufe fortsetzen. Anschließend den Deckel abnehmen und das restliche Wasser verdampfen lassen.
Die Leber in feine Streifen schneiden und zu den Erbsen geben. Anbraten und salzen. Insgesamt 2–3 Minuten garen und das Gericht servieren.
Eine nahrhafte, gesunde und komplette Mahlzeit. Um die Kinder zum Essen anzuregen, kann man ihnen diese kleine Geschichte erzählen: »Es waren einmal Erbsen. Sie waren ganz schüchtern und hatten alleine Angst. Da kam plötzlich die Leber daher. Sie war ganz stark, denn sie besaß viel Eisen und kraftvolle Vitamine. Nun fühlten sich die Erbsen sicher. Und so kommt es, daß man selbst stark und mutig wird, wenn man Erbsen und Leber ißt.«

Verkleidete Grissini

Für zwei Personen

50 g Grisini
100 g magerer gekochter Schinken

Die Grissini in einem Glas mitten auf den Tisch stellen. Den Schinken feinstreifig schneiden und auf einem Teller danebenstellen. Jedes Kind muß nun ein Grissino nehmen, es mit einem Schinkenstreifen umwickeln und schnell essen. Wer die meisten Grissini verspeist, hat gewonnen.

Die Kleinen haben dabei viel Spaß, und gleichzeitig nehmen sie wertvolle Stoffe zu sich: Schinken enthält reichlich Eiweiß, die Grissini liefern Zucker und damit Energie.

Kartoffel-Schinken-Torte

Für zwei Personen

150 g Kartoffeln
2 EL Milch
30 g Butter
2 EL geriebener Parmesan
1 Ei
100 g gekochter Schinken in Scheiben

Nach dem Rezept auf S. 70 aus Kartoffeln, Milch, Butter, Parmesan und Ei ein feines Kartoffelpüree zubereiten.
Eine Tortenform leicht ausbuttern und mit der Hälfte des Pürees ausstreichen. Die Schinkenscheiben darauflegen und das restliche Püree darüber verteilen.
Den Ofen auf 250° C vorheizen und das Gericht goldgelb backen (etwa 15 Minuten).
Diese herzhafte Torte, die Sie als Hauptmahlzeit servieren können, mundet Kindern und Eltern gleichermaßen.

Frikadellen mit Käsesauce

Für zwei Personen

70 g Kalbfleisch
70 g Hühnerbrüstchen
70 g gekochter Schinken
1 Ei
1 kleiner Bund Petersilie
1/2 Brötchen
Milch zum Einweichen
2 EL geriebener Parmesan
Salz

Für die Sauce:

15 g Butter
1 EL Mehl
70 g geriebener Groviera
1 Glas Milch

Das durch den Wolf gedrehte Fleisch (lassen Sie das am besten gleich vom Metzger machen) mit dem Ei, der gehackten Petersilie, der in Milch eingeweichten Weißbrotkrume, dem Parmesan und etwas Salz in eine Schüssel geben. Alles zu einer geschmeidigen Masse verkneten.

2 oder 4 flache Frikadellen daraus formen und diese in einen tiefen Teller legen. Mit einem zweiten Teller bedecken und im Wasserbad beidseitig je 20 Minuten garen.
Inzwischen die Sauce zubereiten: Die Butter in einem Töpfchen zerlassen. Das Mehl dazugeben und gut rühren, damit sich keine Klümpchen bilden. Nach und nach unter ständigem Rühren den Käse und die Milch ergänzen. Die Sauce 15 Minuten kochen und über die fertigen Frikadellen verteilen.
Ein sehr leckeres Gericht mit hohem Nährwert. Ein Salat aus rohen Mohrrüben – mit Öl, Zitronensaft und etwas Salz abgeschmeckt – ergänzt das Menü. Obst ist in diesem Fall nicht erforderlich, denn Mohrrüben und Zitrone enthalten die nötigen Vitamine, während Fleisch und Käse Proteine in Hülle und Fülle liefern.

Drei-Farben-Reis

Für zwei Personen

50 g grüne Bohnen
2 Mohrrüben
4 EL Reis
20 g Butter
2 EL geriebener Parmesan
2 Eigelb, hartgekocht

Das Gemüse waschen und zerkleinern. Die Mohrrüben in 1/2 l Wasser mit etwas Salz aufsetzen. Sobald das Wasser sprudelt, auch die Bohnen zufügen und 10 Minuten kochen. Nun den Reis einstreuen und zusammen mit dem Gemüse garen, dabei hin und wieder rühren.
Den Herd abschalten, sobald der Reis gar ist. Butter und Parmesan unterziehen und das Gericht 1 Minute ruhen lassen. Den Reis auf einen Teller häufen und mit den feingewürfelten Eigelben bestreuen.
Die fröhlichen Farben dieses Reisgerichts regen den Appetit Ihrer Kinder an. Um eine vollständige Mahlzeit daraus zu machen, genügt frisches Obst zum Nachtisch.

Herzhafte Milchsuppe

Für zwei Personen

8 Spinatblätter
1 dl Milch
1 Prise Salz
2 EL geriebener Parmesan
2 TL Olivenöl Qualität »extra vergine«
4 dünne Scheiben Weißbrot (auch altbacken)

Den Spinat gründlich waschen und feinwiegen. Mit der Milch und dem Salz in einen Topf geben und bei milder Hitze 15 Minuten kochen.
Den Topf vom Herd ziehen. Parmesan und Öl unterrühren. Mit den in Stückchen geschnittenen Brotscheiben zwei Suppenteller auslegen und die Suppe darüber verteilen. 5 Minuten ziehen lassen, umrühren und servieren.
Eine leckere, nahrhafte Suppe und zugleich eine gute Möglichkeit, dem Kind Spinat zukommen zu lassen.

Der Zucchini-Zug

Für zwei Personen

2 Zucchini
2 EL Kartoffelpüree
etwa gehackte Petersilie
1 EL zerlassene Butter
2 EL geriebener Parmesan
2 EL Milch

Etwas leicht gesalzenes Wasser in einem kleinen Topf zum Kochen bringen. Die geputzten und gewaschenen Zucchini im sprudelnden Wasser 15 Minuten kochen. Unter fließendem Wasser abkühlen lassen und längs halbieren. Die Hälften mit einem Löffel aushöhlen.
Das entnommene Fruchtfleisch feinhacken und mit dem Kartoffelpüree und der Petersilie vermengen.
Die Zucchinihälften mit dieser Mischung füllen. Mit der zerlassenen Butter beträufeln und mit dem Parmesan bestreuen. Die Milch in eine ofenfeste Form geben. Die Zucchinihälften in drei gleiche Teile schneiden und in die Form setzen. Im vorgeheizten Ofen bei 200° C 15 Minuten backen.
Vor dem Servieren die Gemüsestücke hintereinander auf einem Teller anordnen und jeweils mit einem Zahnstocher verbinden, so daß sie wie

ein kleiner, grüner Zug aussehen. Dieser ungewohnte Anblick weckt die Neugier des Kindes, das sich – als zukünftiger Lokomotivführer – mit Freude ans Essen macht. (Hoffentlich will es den Zucchini-Zug nicht als Spielzeug behalten!)

6

Wenn der Kühlschrank leer ist

»Not macht erfinderisch«, sagt der Volksmund. Es kommt in jeder Lage zunächst darauf an, daß man seinen Optimismus bewahrt, über seine eigenen Fehler lachen kann und bereit ist, das Beste daraus zu machen. Schon oft ist es mir passiert, daß in Kühlschrank und Speisekammer gähnende Leere herrschte, die Gäste aber bereits am Tisch saßen. Hier also meine Lösungsvorschläge.

Um einer solchen Situation von vornherein vorzubeugen, »deponiert« man am besten irgendwo eine Packung Spaghetti, ein Päckchen Zucker, eine Flasche Öl, eine Dose Thunfisch, ein Glas Erbsen …

Auf diese Notration greife ich auch wirklich nur dann zurück, wenn ein Engpaß eingetreten ist. Und ich ersetze sie möglichst noch am selben Tag. Würde ich sie dagegen aus reiner Faulheit verwenden, nur weil ich keine Lust mehr habe, aus dem Haus zu gehen, dann hätte ich das Fasten wirklich verdient!

Schauen wir also zunächst, was im Hause ist:
Sie haben kein Brot, aber Kartoffeln, Butter, Pasta, Reis, Parmesan. Bereiten Sie Kartoffelpüree mit Butter und Parmesan und backen Sie daraus ein Gratin (Rezept S. 187). Als Beilage paßt dazu gebratenes Beefsteak oder Spiegelei.
Wenn es weder Fleisch noch Eier, aber irgendeinen Käse gibt, dann ergänzen Sie damit das Gratin, und Sie haben eine komplette Mahlzeit.
Finden Sie lediglich altes Brot, Kartoffeln und einen fetten Käse, zaubern Sie einfach daraus einen Phantasie-Toast.
Gibt es Pasta, auch bereits gekochte, dann bereiten Sie mit allem, was sonst dazu paßt, eine üppige Nudelpfanne.
Haben sie nur noch verschiedene Gemüsereste, z. B. zwei Kartoffeln, eine Zwiebel, eine etwas in Vergessenheit geratene Paprikaschote und eine Tomate oder eingemachte Tomaten, dann sind Sie reich! Komponieren Sie einen Gemüsetopf (Rezept S. 22).
Bietet die Vorratskammer nur Reis, dazu aber ein paar – womöglich schon unansehnliche – Käsereste und womöglich ein letztes Ei? Großartig: Kochen Sie einen italienischen Käse-Risotto (Rezept S. 12).
Entdecken Sie vielleicht noch ein Stückchen Fleisch, zwei Kartoffeln und zwei Eier? Machen Sie Bratkartoffeln, braten Sie das gewürfelte Fleisch, verquirlen Sie die Eier und bereiten Sie ein deftiges Pfannengericht.

7

Mit Freunden beim Picknick

Es ist immer ein sehenswertes Schauspiel, wenn die Nachbarn für einen Tag auf dem Land das Auto packen. Es quillt förmlich über mit Tischen, Stühlen und Körben über Körben. Man könnte meinen, sie brächen auf zu einer zweiwöchigen Reise! Ein Picknick ist eine sportliche Angelegenheit. Wenn man aber die ganze Küche und das komplette Eßzimmer mitnimmt, dann kann man ebensogut zu Hause bleiben. Dabei sollte doch ein Picknick eigentlich ein erholsames Ereignis sein. Man kann ein Hauptgericht mit ein paar Beilagen und belegte Überraschungsbrote vorbereiten. Und dann essen alle gemeinsam, ohne daß einer sich abrackert, damit die restliche Familie schwelgen kann.

Noch vergnüglicher ist es, wenn man nur die Grundzutaten einpackt – Brot, Wurst, Käse und andere Kleinigkeiten –, und jeder bereitet sich in geselliger Runde selbst sein Essen zu. Wir haben alle gute Erinnerungen an Grillfeste. Also nehmen wir auch einen Kupferrost mit, dazu Brot, Wein und das in Marinade eingelegte »Opfer« in einem fest verschlossenen Behälter. Und ein paar fröhliche Stunden am Grillfeuer sind garantiert.

Machen Sie einen solchen Ausflug nur, wenn Sie auch wirklich den Kontakt mit der Natur suchen, wenn Sie zu einer Begegnung mit Frieden und Stille bereit sind. Denn in schlechter Stimmung sind Sie besser zu Hause aufgehoben.

Reissalat in drei Variationen

50 g Langkornreis pro Person
Mohrrüben
Sellerie
Tomaten
Paprikaschoten
Fleischwurst
hartgekochte Eier
Käse (z. B. Fontina, Berna, Asiago)
Mixed Pickles
Thunfisch in Öl
gekochte, dicke weiße Bohnen (Konserve)
gekochte Erbsen (Konserve)
Oliven
Öl
Essig
Salz
Pfeffer
Tomatenketchup
gehackte Petersilie

Für alle Gemüsesorten gilt: 1 EL pro Person
Für Thunfisch und Käse gilt: 20 g pro Person

Wasser unter Zugabe von Salz aufkochen und den Reis hineingeben. Umrühren und ohne Deckel nach Packungsvorschrift garen. Den Reis abgießen und sofort mit kaltem Wasser abspülen, um ihn abzukühlen und gleichzeitig die Stärke zu entfernen.
Das frische Gemüse waschen und kleinschneiden. Fleischwurst, Eier, Käse und Mixed Pickles ebenso zerkleinern. Die Konserven öffnen und den Inhalt abtropfen lassen.
Den Reis in ein Gefäß von ausreichender Größe geben, um alle Zutaten aufzunehmen. Gemüse-, Wurst- und Käsestückchen, den zerpflückten Thunfisch und die Oliven zufügen. Mit Öl, Essig, Salz und Pfeffer abschmecken und gut durchmischen.
Nun den Reissalat in 3 Portionen teilen. Die erste wird mit etwa 2 EL Tomatenketchup, die zweite mit gehackter Petersilie verfeinert, die dritte bleibt so, wie sie ist.
Es ist gar nicht so schwierig, mehrere Gerichte mit verschiedenen Geschmacksvarianten zuzubereiten. Dieser vollwertige, gesunde und dabei bekömmliche Reissalat stillt als Hauptmahlzeit selbst den größten Picknick-Hunger.

Vorbereitete Sandwiches
Bei einem Ausflug braucht der Körper stärkende, leichte und durststillende Kost.

Zucchini-Ei-Sandwich

2–3 eingelegte Zucchinistücke (Rezept S. 33)
2–3 Eischeiben

Eine Brötchenhälfte oder Brotscheibe mit den Zucchini belegen und die Eischeiben daraufgeben. Die zweite Brötchenhälfte bzw. eine zweite Brotscheibe darüberklappen.
Am besten wickeln Sie diese herzhaften und erfrischenden Sandwiches einzeln in Alufolie.

Paprika-Sardellen-Sandwich

2–3 Stücke geröstete Paprikaschote (Rezept S. 63)
2 Sardellenfilets

Eine Brötchenhälfte mit Paprikaschoten belegen und die Sardellen ergänzen. Die zweite Hälfte darauflegen und das Sandwich in Alufolie wickeln.

Löwenzahn-Ei-Sandwich

1 EL junge Löwenzahnblätter, feinstreifig geschnitten
2–3 Eischeiben

Die vorbereiteten Löwenzahnblätter nach Geschmack anmachen. 1 EL davon auf einer Brotscheibe verteilen und die Eischeiben darauflegen. Eine zweite Brotscheibe darüberklappen und das Sandwich in Alufolie wickeln. Appetitanregend, durstlöschend und gesund.

Sandwich mit Tomate, Mozzarella und Origano

2 Tomatenscheiben
2 Mozzarellascheiben
1 Prise Origano

Die Tomaten waschen, in Scheiben schneiden und mit Salz, Öl und Essig anmachen. Den Mozzarella ebenfalls in Scheiben teilen. Mit Öl, Essig und Origano würzen.
Eine Brotscheibe mit je 2 Tomaten- und Mozzarellascheiben belegen. Die zweite Brotscheibe darüberklappen und das Sandwich in Alufolie wickeln.

Sandwich mit Spiegelei und Speck

1 Ei
Salz
2 Scheiben geräucherter Bauchspeck
etwas Butter

Butter in einer Pfanne zerlassen, das Ei darin auf beiden Seiten braten und leicht salzen. Mit 2 Speckscheiben belegen und zugedeckt noch 1 Minute braten. Anschließend erkalten lassen.
1 Spiegelei zwischen 2 Brötchenhälften geben und das Sandwich in Alufolie wickeln.
Eine andere, herzhafte, allerdings nicht unbedingt durststillende Geschmacksvariante.

Grillessen

Wenn Sie ein Grillessen planen, dann müssen Sie bereits zu Hause das Fleisch vorbereiten, d. h. marinieren. Auch sollten Sie einige Saucen in fest schließenden Gläsern bereitstellen, z. B. Tomatenketchup, Salsa Verde, Meerrettichsahne oder auch einfach mit Salz, Pfeffer und gehacktem Basilikum verquirltes Öl.

Geeignete Fleischstücke:
Schweinskoteletts (1 pro Person)
Kalbssteaks (1 pro Person)
Kaninchenfilet (200 g pro Person)
Hühnchen- oder Putenfilets (1 pro Person)
Bratwurst (100 g pro Person)

Marinieren: In ein gut schließendes Gefäß jeweils eine Lage Fleisch geben. Mit Salz, Pfeffer und Rosmarin würzen und etwas Öl darüberträufeln. Das Gefäß verschließen und über Nacht in den Kühlschrank stellen. Vergessen Sie es aber nicht! (Bratwurst bedarf keiner solchen Vorbehandlung.)
Das Fleisch auf den Rost legen und über der Holzglut bei milder Hitze auf beiden Seiten einige Minuten garen.

Spießchen

Man kann sie mit dem gleichen Fleisch zubereiten, das auch zum Grillen geeignet ist, und zwar entweder nur mit einer, oder auch verschiedenen Fleischsorten.

Phantasie-Spießchen

Pro Person

50 g Schweinefleisch (Filet oder Nuß)
50 g Kalbfleisch (Filet oder Nuß)
50 g Bratwurst
50 g Hühnerbrüstchen
5 Scheiben Bauchspeck
10 Salbeiblätter

Die einzelnen Fleischsorten in mundgerechte Stücke teilen, die Speckscheiben vierteln, die Salbeiblätter waschen und trockentupfen.
Nun die Zutaten auf Holz- oder Metallspießchen stecken, und zwar in dieser Reihenfolge: Speck, Salbei, Schweinefleisch, wieder Speck und Salbei, dann Kalbfleisch, Speck und Salbei, danach ein Stück Bratwurst usw. Mindestens 2 Spießchen pro Person vorbereiten.

Den Rost über der Glut erhitzen. Die Spießchen darauflegen und etwa 10 Minuten ringsum garen, bis sie schön gebräunt sind. Wenn Sie Holzspieße verwenden, müssen Sie den Rost mit Alufolie überziehen, damit die Spieße nicht Feuer fangen.
Fleisch vom Grill ist schmackhaft und vor allem gesund, da das überschüssige Fett schmilzt und abläuft und damit den Organismus nicht unnötig belastet.

Spießchen mit Huhn, Speck und Salbei

Pro Person

200 g Hühnerfleisch	*10 Salbeiblätter*
2 Scheiben fetter Speck	*Salz*

Das Fleisch waschen und in 4 mundgerechte Stücke zerlegen. Die Speckscheiben vierteln. Die Salbeiblätter waschen und trockentupfen.
Abwechselnd Speck, Salbei, Hühnerfleisch auf Metall- oder Holzspießchen stecken und diese mindestens 1/2 Stunde über der Glut garen.
Noch etwas salzen und pfeffern, und nun genießen Sie dieses herrliche, gesunde Gericht, das schon unsere Vorfahren zu schätzen wußten.

Fleisch-Gemüse-Spießchen

Pro Person

150 g Fleisch (Schweinsfilet, Kalbsfilet, Huhn, Bratwurst)
100 g Gemüse (Kartoffeln, Mohrrüben, Sellerie, Zwiebeln, Paprikaschoten)
4 Scheiben Bauchspeck
10 Salbeiblätter
Salz
Pfeffer

Die Zubereitung erfolgt wie bei den Phantasie-Spießchen, wobei Sie allerdings zwischen Fleisch und Speck jeweils ein dickes Gemüsestück – abwechselnd von den verschiedenen Sorten – einfügen.
Bei dieser sehr leckeren Variante beträgt die Garzeit etwa 20 Minuten.
Noch ein wichtiger Hinweis: Salzen Sie grundsätzlich nach beendetem Garvorgang.

Sandwich-Zubereitung an Ort und Stelle

Es ist unterhaltsam, wenn alle zusammen etwas tun, und es macht viel mehr Spaß, sich die Sandwiches nach seinem eigenen Geschmack zusammenzustellen.
Zu Hause bereitet man die Grundzutaten vor, also zum Beispiel geröstete Paprikaschoten, eingelegte Zucchini, Rührei in verschiedenen Varianten, kalten Braten, Mohrrübensalat, Russischen Salat. Sie werden in Gefäße gefüllt und in den Kühlschrank gestellt.
Außerdem kann man Mixed Pickles, kalten Aufschnitt, Käse, Frankfurter usw. kaufen. Dazu Brot, Wein, andere Getränke und – nicht zu vergessen – Obst.
Am nächsten Morgen wird alles in einer Kühltasche verstaut, dazu werden einige Teller, Messer und Gläser eingepackt.
Vor dem Essen wird dann das ganze Hab und Gut appetitlich ausgebreitet. Jeder nimmt sich ein Stück Brot und bedient sich selbst.
Ein solch vergnügliches Picknick vereint die Familie in fröhlicher Runde und erlaubt vor allem der Hausfrau, die sonst immer »den Laden schmeißt«, einmal die Hände in den Schoß zu legen und etwas anderes zu erleben.

8
So vermeiden Sie das Bürofrühstück

Oft, wenn ich gegen 10 Uhr ein Büro betrete, bietet sich mir der gleiche Anblick: leergefegte Schreibtische und ein emsiges Kommen und Gehen von Angestellten, die Sandwiches, Kuchenstücke und andere Snacks hin- und hertragen. Fast könnte man meinen, man sei mitten in einen Rettungseinsatz für Opfer einer Hungersnot geraten. Dasselbe Bild in den Bäckereien und Geschäften neben den Büros: lange Schlangen an den Theken, gezückte Geldbörsen und ein emsiges Klappern von Münzen, mit denen fragwürdige Naschereien teuer bezahlt werden. Jedesmal muß ich mich dann fragen: Haben diese Leute kein Zuhause? Oder was ist mit ihnen los?

Wann werden wir endlich begreifen, daß eine gesunde Ernährung eine gewisse Zeit zum Verdauen und eine Erholungspause für Magen und Portemonnaie voraussetzt? Für diese Snacks werfen wir täglich etliche Mark aus dem Fenster, während wir sie zu Hause viel preiswerter bekommen würden.

Auch ist es viel gesünder, um 8 Uhr zu frühstücken, als um 10 Uhr. Tanken Sie denn Ihr Auto auf, wenn es Ihnen gerade paßt oder nicht vielmehr dann, wenn das Benzin alle ist? Warum können Sie sich wohl zwischen 8 und 10 Uhr nicht konzentrieren? Weil Ihnen der Treibstoff fehlt. Die Essenspause zwischen 8 Uhr abends und 10 Uhr morgens ist übertrieben. Oder warum essen sie dann um 10 Uhr, das nächste Mal um 13 und dann wieder um 20 Uhr?

Gehen Sie besser mit sich selbst um, und Sie werden erleben, daß das Leben Sie besser behandelt.

Ein gutes Frühstück zu Hause ist billiger und gesünder. Und es bereichert Ihr Familienleben, das ohnehin meist zu kurz kommt, um 15 Minuten Beisammensein.

Einige Frühstückvorschläge

Getränk	**Verschiedenes**
Tee	wachsweiche Eier mit Grissini
	Sandwich mit Spiegelei und Speck
	Sandwich mit Robiola und Sardellenpaste
	Sandwich mit Tomate und Mozzarella
Kaffe oder Cappuccino	Apfeltorte (Rezept S. 210)
	Stuten (Weißbrot mit Rosinen)
	selbstgebackene Kekse
	eingemachte Pfirsiche
Kakao	Toast
	Brot, Butter und Marmelade
	Brot, Butter und Honig
	Brot, Butter und Zucker
Cappuccino	Bratäpfel (Rezept S. 48)
	gedünstete Pfirsiche
	gekochtes Ei mit frischem Brot
	Feigen und frisches Brot
Weißwein (gesünder in Kombination mit Sandwiches)	Sandwich mit Parmesan und Schweinenacken
	Sandwich mit Tomaten und Kapern
	Sandwich mit Butter und Sardellen
	Sandwich mit Fontina und Schinken

9

Wenn gegen Monatsende das Gehalt beinahe schon verbraten ist

Viele haben Schwierigkeiten, mit ihrem Haushaltsgeld bis zum Monatsende auszukommen, denn die Lebenskosten steigen so schnell an, daß einem schwindelig wird. Verlieren Sie nicht den Kopf, sonst können Sie nicht mehr überlegt vorausplanen. Verstehen Sie die Situation vielmehr als willkommenen Moment, um neue Rezepte auszuprobieren – Rezepte, mit denen zahllose Menschen schon seit langem froh, gesund und zufrieden leben. Fühlen Sie sich nur nicht als Opfer! Würzen Sie die Mahlzeiten dieser kurzen Woche mit der Freude dessen, der etwas Neues und Schönes erlebt.

Servieren Sie jedes Gericht als eine Neuentdeckung, eine neue Kreation, deren Geheimnis nur Sie kennen, und lüften Sie es erst hinterher. Laufen Sie am Ende der Woche nicht zur Waage, um zu prüfen, wieviel Kilo Sie verloren haben. Laufen Sie lieber zum Spiegel und stellen Sie fest, wie gut und entspannt Sie aussehen. Ihr Körper wird wieder neue Spannkraft haben, als ob Sie mit einem lange vergessenen Training begonnen hätten.

Nachstehend gebe ich Ihnen einige Rezepte für Gerichte, die Ihnen die Gelegenheit geben, mehr Zeit am Tisch zu verbringen, alle eventuellen Reste aufzubrauchen und Ihre Notration wieder zu erneuern.

Ein nützlicher Tip: Ergänzen Sie, sobald Sie Ihr Gehalt bekommen, sofort Ihre Vorräte an Öl, Pasta, Zucker und sonstigen Lebensmitteln, die sich in mageren Zeiten als kostbares Gut herausstellen könnten.

Frohsinn + Genügsamkeit = Gesundheit + finanzielle Ersparnis

Spaghetti mit Öl und Rosmarin

Für zwei Personen

200 g Spaghetti (in Ihrem speziellen Fall bereiten Sie lieber eine reichliche Portion zu, die Sie den leeren Kühlschrank vergessen läßt)
4 EL Olivenöl Qualität »extra vergine«
1 Rosmarinzweig
1 TL Salz

In einem großen Topf 1 l Wasser mit 1 TL Salz zum Kochen bringen. Nach dem Aufwallen die Spaghetti hineingeben, umrühren und nach der Anleitung auf der Packung garen.
Inzwischen das Öl mit Rosmarin und Salz in einem Pfännchen langsam erhitzen. Die Spaghetti abgießen, mit dem Öl übergießen und schnell durchmischen.
Eine gesunde, leichte und zugleich sehr schmackhafte Mahlzeit.

Polenta

Das Rezept können Sie auf S. 53 nachlesen. Ob Sie dazu Fonduta oder lieber Ragout, Mettwurst oder Bratwurst essen, bleibt Ihrem persönlichen Geschmack überlassen.

Polenta mit Pfeffer und Olivenöl

Die Polenta wie auf S. 53 beschrieben zubereiten. Jeweils 2 Schöpfkellen Polenta in einen tiefen Teller geben. Über jede Portion 2 EL Olivenöl Qualität »extra vergine« träufeln und schwarzen Pfeffer darübermahlen. Diese leichte, aber herzhafte Zubereitung kann als Hauptgericht serviert werden, sofern Sie dazu einen großen gemischten Salat oder zum Dessert einen Obstsalat aus frischen Früchten reichen.

Gratinierte Brottorte

Für zwei Personen

150 g altbackenes Weißbrot
2 Eier
2 EL geriebener Parmesan
2 Prisen Salz
1/2 Brühwürfel
2 Tassen heißes Wasser
100 g Schmelzkäse-Scheiben oder Fontina oder Mozzarella

Das Brot in dünne Scheiben schneiden und im Ofen rösten (aufpassen, daß sie nicht verbrennen!).
Inzwischen Eier, Parmesan und Salz mit einer Gabel verquirlen. Eine Auflaufform ausbuttern und die goldbraun gerösteten Brotscheiben (möglichst nebeneinander) hineinlegen. Den Brühwürfel im Wasser lösen und die Flüssigkeit über das Brot gießen. Den in Stückchen geschnittenen Käse darüber verteilen und die Eier darübergießen.
Den Auflauf im vorgeheizten Ofen bei 250°C backen, bis er appetitlich goldbraun ist (etwa 15 Minuten).
Wenn Sie mehrere Gäste bewirten, vervielfachen Sie einfach die Zutatenmengen entsprechend und schichten Sie mehrere Lagen übereinander in die Form. Nach Belieben können Sie diesen Auflauf auch zum Beispiel mit gekochtem Schinken, Mortadella oder Räucherspeck ergänzen.
Ein leichter erster Gang, der ausgezeichnet mundet. Allerdings sollten Sie danach keine Kartoffeln oder Teigwaren reichen – Sie würden in dieser Kombination den Magen zu sehr belasten.

Linsen mit Öl und Parmesan

Für zwei Personen

3 Tassen Linsen
8 Tassen Wasser
1 Prise grobes Salz
4 EL Olivenöl Qualität »extra vergine«
2 gehäufte EL geriebener Parmesan

Die Linsen gründlich unter fließendem Wasser waschen und dabei eventuell vorhandene Steinchen wegspülen. In der angegebenen Wassermenge 8 Stunden einweichen. Anschließend salzen und im Einweichwasser langsam weich kochen (etwa 1 Stunde).
Den Herd abschalten. Öl und Parmesan einrühren und dieses nahrhafte Hauptgericht sofort zu Tisch bringen.

Pellkartoffeln mit Cotechino

Für zwei Personen

300 g Cotechino
300 g Kartoffeln
Salz

Die Kochwurst mehrmals mit einer Gabel einstechen. In 1 l Wasser mindestens 1 1/2 Stunden leise köchelnd garen.
Inzwischen die Kartoffeln waschen und in einen Topf geben. Mit kaltem Wasser bedeckt aufsetzen und nach dem Aufwallen 20 Minuten kochen.
Den garen Cotechino von der Haut befreien und in Scheiben schneiden. Die Kartoffeln schälen und salzen. Beides zusammen auf einer Servierplatte anrichten.
Der Cotechino ist recht üppig, was die Kartoffeln mit ihrer Schlichtheit gut ausgleichen: eine ausgewogene, komplette und herzhafte Mahlzeit, die Sie mit einem knackigen Salat abrunden sollten.

Gnocchi auf römische Art

Für zwei Personen

1 l Milch
1 EL grobes Salz
200 g Hartweizengrieß
1 Ei
30 g Butter
geriebener Parmesan nach Belieben

Die Milch mit dem Salz aufsetzen. Sobald sie kocht, den Grieß unter ständigem Rühren mit dem Schneebesen oder Holzlöffel einstreuen. 20 Minuten garen, dabei gelegentlich durchmischen. Den Herd abschalten und das Ei schnell und energisch unterziehen, so daß es sich gleichmäßig verteilt.
Eine große Servierplatte mit Wasser abspülen und die Grießmasse daraufgießen. Zu einer 1 cm starken Schicht glattstreichen. Auskühlen lassen und mit einer entsprechenden Form oder einem Glas Kreise – die Gnocchi – ausstechen.
Eine ofenfeste Form ausbuttern. Eine Lage Gnocchi einschichten. Mit einigen Butterflöckchen belegen und mit etwas Parmesan bestreuen. Nun eine weitere Lage Gnocchi einfüllen usw., bis sie aufgebraucht sind. (Beim Ausstechen entstandene Reststückchen werden zum Füllen von

Lücken verwendet.) Zuletzt einige Butterflöckchen über das Gericht verteilen und Parmesan darüberstreuen. Im vorgeheizten Ofen bei 250°C goldbraun überkrusten.
Ein gehaltvolles und sehr leckeres Hauptgericht, das Sie am besten mit einem Obstsalat aus frischen Früchten zum Dessert abschließen.

Käseschnitzel

Für zwei Personen

2 Scheiben Provolone à 150 g
1 Ei
2 EL Semmelbrösel
1 Glas Olivenöl

Die Käsescheiben von der Rinde befreien. Das Ei in einem Teller mit der Gabel verschlagen (ohne Zugabe von Salz, denn der Provolone ist schon gesalzen). Den Käse zunächst im Ei, dann in den Semmelbröseln wenden.
Das Öl in eine Eisenpfanne geben und die Käsescheiben darin auf beiden Seiten knusprig braten (wie Mailänder Schnitzel). Sofort servieren, dann schmecken sie am besten.
Dazu gibt es einen großen gemischten Salat. Das genügt völlig!

Sardinen-Kartoffel-Auflauf

Für zwei Personen

300 g frische Sardinen, küchenfertig vorbereitet
400 g Kartoffeln
6 EL Öl
Salz
1 Prise Origano
4 EL geriebener Parmesan

Sardinen waschen und trockentupfen. Kartoffeln schälen, waschen und in dünne Scheiben schneiden.
Etwas Öl in eine ofenfeste Form geben. Einige Kartoffelscheiben nebeneinander hineinlegen und mit etwas Salz, Origano und Parmesan bestreuen. Darüber eine Lage Sardinen geben, die mit etwas Öl beträufelt werden. Nun folgen wieder Kartoffeln mit Salz, Origano und Parmesan und danach Sardinen mit Öl. Mit einer Lage Kartoffeln abschließen, die mit Salz, Origano und Parmesan bestreut und mit Öl beträufelt werden.

Das Gericht 45 Minuten im vorgeheizten Ofen bei 250°C backen. Sollte es oben zu stark bräunen, dann decken Sie es rechtzeitig mit Alufolie ab. Eine köstliche Mahlzeit, die Sie natürlich mit einem frischen Salat oder mit Obstsalat zum Nachtisch ergänzen.

Geschmortes Schweinskarree mit Kartoffeln

Für zwei Personen

400 g Schweinskarree
2 EL Öl
1 Rosmarinzweig
1 Gläschen Weißwein
300 g Kartoffeln

Das Fleisch mit dem Öl und Rosmarin in einen Schmortopf geben. Den Topf auf die heiße Platte stellen und das Fleisch ringsum bei starker Hitze rasch anbraten, damit sich schnell eine schöne Kruste bildet, die ein Austreten des wertvollen Fleischsaftes verhindert.
Salzen, den Wein angießen und verdampfen lassen. Den Deckel aufsetzen und das Fleisch 15 Minuten schmoren.
Inzwischen die Kartoffeln schälen, waschen, trockentupfen und in Stückchen schneiden. Zum Braten geben und noch 30 Minuten mitgaren.
Eine vorzügliche und vollständige Mahlzeit.

Sardellen Admirals-Art

Für zwei Personen

300 g sehr frische Sardellen
Saft von 2 Zitronen (nach Bedarf auch mehr)
1 Prise Salz
1 Prise Origano
frisch gemahlener Pfeffer
etwas Olivenöl

Am besten lassen Sie die Sardellen gleich vom Fischhändler vorbereiten, d. h. häuten und entgräten.
Die Fische nebeneinander in eine ofenfeste Form legen und großzügig mit Zitronensaft beträufeln. Mit Klarsichtfolie abdecken und 24 Stunden

kühl stellen. Nach 12 Stunden wenden, damit beide Seiten mit dem Saft benetzt sind. (Dies ist wichtig, denn die Zitrone »gart« die Sardellen, ähnlich wie beim Kalbfleisch aus Alba).
Die Fische vor dem Servieren auf einer Platte anrichten. Mit Salz, Origano und Pfeffer würzen und leicht mit Öl beträufeln.
Zu diesem schmackhaften und leichten Gericht empfehle ich als Beilage Grüne Kartoffeln (Rezept S. 20) oder Mohrrübensalat.
Fisch hat immer einen hohen Phosphor- und Eiweißgehalt, wobei Sardellen eine der nährstoffreichsten Arten sind.

10

Wenn Sie aus dem vollen geschöpft haben
(Resteverwertung und Rettungsaktionen)

Es kommt schon einmal vor: Man liest aufmerksam ein Rezept durch, versucht zu verstehen, befolgt alle Anweisungen. Und das Ergebnis? – Eine Katastrophe! Nur keine Bange. Die meisten großen Rezepte sind nichts weiter als die Frucht mißlungener Gerichte, die aber womöglich besser als die Originalversion waren. Ein Mißerfolg kann für Sie ein Test sein, der etwas über Ihren Optimismus und Einfallsreichtum, über Ihre Lust zum Lachen und Phantasie bei der Namensgebung neuer »Meisterwerke« aussagt.
Ich habe schon häufig Mißerfolge erlebt, und zwar nicht in den eigenen vier Wänden, sondern bei meinen Kochkursen für Brautleute. Gewiß, besonders angenehm ist das nicht, aber man muß irgendwie reagieren.
Wenn Sie unschöne Überraschungen vermeiden wollen, kochen Sie nicht nach Rezepten aus Zeitschriften oder Kochbüchern, die von Laien geschrieben wurden. Mit meinen Rezepten – und das sage ich nicht um zu prahlen – werden Sie keine neuen Namen erfinden müssen, dafür habe ich gesorgt.
Sollte dennoch einmal etwas nicht klappen, dann schreiben Sie mir, und ich werde der Sache gerne auf den Grund gehen.
Und glauben Sie mir: Jeder Fehler kann behoben werden.

Vom Mißerfolg	**zum Meisterwerk**
Pappiger Reis	Aufläufe – Kroketten – Süßspeisen – Füllungen für Gemüse – Omeletts
Zerkochte Gnocchi di patate	Aufläufe – Omeletts – Gratins
Verbrannter Braten	Die verbrannten Teile abschneiden, den Rest mit Burgundersauce oder einer ähnlichen Sauce servieren
Zäh gewordenes Fleisch	Durch den Fleischwolf drehen und in einem Auflauf, zu Frikadellen oder Hackfleischbällchen verarbeiten
Nicht durchgegarter Auflauf	In Scheiben schneiden, panieren und braten
Mißratene Vorspeisen	Zu Sauce (z. B. Béchamelsauce) verarbeiten oder mit Kartoffeln reichen
Versalzenes gekochtes oder geschmortes Gemüse	Altbackenes Brot und Kartoffeln dazugeben
In der Menge verschätzt	z. B. Gemüse in Hülle und Fülle z. B. Grieß ohne Ende (in Portionen einfrieren)
Nicht durchgegarter Kuchen	Aufschneiden und im Ofen rösten
Klumpiger Pudding	Geröstete und gemahlene Mandeln unterziehen

11
Beim Camping und im Pfadfinderlager

Es ist allgemein bekannt, daß Pfadfinder alles können, indem sie die Fähigkeiten des einen und die Talente des anderen zu nutzen wissen. Sie können kochen, spielen und aus jedem Augenblick das Beste machen.
Auch im Zelten sind sie Meister, wozu ich in aller Bescheidenheit einen kleinen Beitrag liefern möchte in dem Bewußtsein, daß Pfadfinder

a) *nie sehr viel Geld haben und sich daher preiswerte Gerichte einfallen lassen müssen;*
b) *keine Profi-Köche sind, sondern Jungen, die den Tag mit den verschiedensten Dingen verbringen, daß sie also schnelle und einfache Rezepte brauchen;*
c) *keinen Kühlschrank oder elektrische Haushaltsgeräte zur Verfügung haben, weshalb die Rezepte machbar und die Zutaten nicht leicht verderblich sein sollten;*
d) *in guter körperlicher Verfassung sein müssen und daher möglichst keine Konserven und vorbehandelten Produkte, sondern unverfälschte Speisen zu sich nehmen sollten;*
e) *sich schnell mit den preiswerteren und vor allem frischer erhältlichen lokalen Erzeugnissen vertraut machen können, wobei sie natürlich mit der örtlichen Bevölkerung in Kontakt treten müssen;*
f) *sich als Jugendliche, die noch im Wachstum sind und die körperlichen Reserven an der frischen Luft schnell verbrauchen, besonders gut ernähren müssen und deshalb auf gehaltvolle Mahlzeiten angewiesen sind.*

Es ist unerläßlich, zunächst eine vollständige Einkaufsliste aufzustellen, die beispielsweise so aussehen könnte:
Pro Person 300 g Brot, 100 g Pasta, 100 g Reis, 40 g Suppennudeln, 150 g Fleisch (mit Knochen 200 g), 100 g Käse, 2 Eier, 400 g Obst, 80 g Salat, 150–200 g Gemüse.
Anschließend werden anhand der Teilnehmerzahl die Gesamtmengen ausgerechnet, die Gesamtkosten addiert und durch die Zahl der Teilnehmer dividiert. So einfach ist das!

Speiseplan für eine Woche

FRÜHSTÜCK	MITTAGESSEN	ABENDESSEN
Tee, Milch Brot und Marmelade	Pasta mit Knoblauch, Öl und Chilischote Rindergulasch Jäger-Art mit Kartoffelbeilage 150 g Brot, Obst	Fleischbrühe mit Einlage Thunfisch mit Erbsen Brot, Obst
Tee, Milch Brot und Schokolade	Erbsen-Risotto Hamburger mit gemischtem Salat Brot, Obst	Kartoffel-Reis-Suppe Zwiebel-Zucchini-Omelett Brot, Obst
Tee, Milch Brot und Honig	Pasta Carbonara Gegrilltes Huhn mit Kartoffel-Oliven-Salat Brot, Obst	Milchsuppe mit Reiseinlage Verlorene Eier mit Tomatensalat Brot, Obst
Tee, Milch Brot, Butter und Zucker	Tomaten-Risotto Kaninchen und Bohnensalat Brot, Obst	Brennesselcremesuppe Bockwurst vom Grill mit Paprikagemüse Brot, Obst
Tee, Milch Brot, Butter und Marmelade	Käse-Risotto Gegrillter Stockfisch mit pikantem Zucchinigemüse Brot, Obst	Tomatensuppe Rindfleisch mit Käse überbacken und Salat Brot, Obst
Tee, Milch Brot und Honig	Gemüsesuppe mit Knoblauchtoast Schweinskotelett vom Rost mit Wirsingsalat Brot, Obst	Wundersuppe Makrelen mit Mohrrübensalat Brot, Obst
Tee, Milch Brot und Nougatcreme	Tagliatelle mit Butter-Salbei-Walnuß-Sauce Fleischspießchen mit Backpflaumen und Pommes frites Brot, Obst	Paradiessuppe Mettwürstchen mit Folienkartoffeln Brot, gedünstetes Obst

Vorgerichte

Pasta mit Knoblauch, Öl und Chilischote

Für sechs Personen

600 g Pasta
6 Knoblauchzehen
1 mittelgroßes Glas Olivenöl
1 Chilischote, 2 EL Salz

In einem großen Topf 2 l Wasser mit 2 EL grobem Salz zum Kochen bringen.
Die Pasta ins sprudelnde Wasser geben und sofort umrühren, damit sie nicht miteinander verklebt. Nach der Packungsvorschrift garen. Ist nichts angegeben, rechnet man 8–10 Minuten und probiert dann vorsichtshalber.
Inzwischen die Knoblauchzehen schälen. Zusammen mit dem Öl und der ganzen Chilischote (wer es pikanter mag, kann sie auch zerreiben) in einen kleinen Topf geben. Langsam erhitzen, bis der Knoblauch schön gebräunt – nicht verbrannt! – ist.
Die Pasta abgießen und mit der vorbereiteten Sauce vermengen. Über dieses Gericht streut man keinen Parmesan.
Wenn man über der Holzglut kocht, geht es schneller mit Aluminiumtöpfen. Die Zubereitung dauert etwa 3/4 Stunde, mit einem Gaskocher natürlich nur etwa 1/2 Stunde.

Erbsen-Risotto

Für sechs Personen

1 1/2 l Wasser
2 EL grobes Salz
600 g Reis
250 g frische, ausgehülste Erbsen
50 g Butter
6 EL geriebener Parmesan

Das Wasser mit dem Salz zum Kochen bringen. Reis und Erbsen hineingeben und erneut aufkochen lassen.
Die Hitze etwas reduzieren und den Garvorgang unter häufigem Rühren etwa 1/4 Stunde fortsetzen. Falls erforderlich, etwas heißes Wasser nachgießen.

Der Reis hat jetzt die Flüssigkeit im Topf weitgehend aufgesogen und ist ziemlich trocken. Den Topf von der Kochstelle nehmen. Butter und Parmesan unterziehen und so lange rühren, bis die Butter geschmolzen ist.
Eine Variante: Zuletzt 2 EL gehackte Petersilie oder kalt gemixte Tomatensauce (Rezept S. 231) unterziehen.

Tomaten-Risotto

Für sechs Personen

1 1/2 l Wasser
2 EL grobes Salz
600 g Reis
500 g Eiertomaten
1 kleiner Bund Petersilie
3 Basilikumstengel
1 Stange Bleichsellerie
2 Prisen Salz
1 Glas Olivenöl
6 EL geriebener Parmesan

Das Wasser aufsetzen und salzen. Sobald es sprudelt, den Reis hineingeben und 15 Minuten im offenen Topf garen, dabei hin und wieder rühren. Inzwischen die Tomaten, Sellerie und Kräuter waschen und alles zusammen mit dem Wiegemesser fein zerkleinern. Noch einfacher geht es natürlich mit dem Gemüsehacker. Die Sauce in eine Schüssel füllen, mit Salz abschmecken und mit dem Öl verfeinern.
Den Reis von der Kochstelle ziehen, sobald er gar ist. Den Parmesan und die Sauce unterziehen, durchmischen und den Risotto servieren.
Ein leichtes Gericht, das dank der rohen Gemüse und Kräuter äußerst vitaminreich und gesund ist.

Pasta Carbonara (nach Köhlerart)

Für sechs Personen

600 g Pasta
350 g geräucherter Bauchspeck
2 EL Olivenöl
6 Eier
6 EL geriebener Parmesan

Einen Topf mit mindestens 2 l Wasser unter Zugabe von 1 kleinen Handvoll grobem Salz aufsetzen.
Nach dem Aufwallen die Pasta hineingeben und sofort umrühren, damit sie nicht miteinander verklebt. Nach der Packungsanleitung kochen.
Inzwischen vom Speck die Schwarte abschneiden (sie wird bei anderer

Gelegenheit für eine herzhafte Gemüsesuppe verwertet). Den Speck feinwürfeln und mit dem Öl in einer Pfanne knusprig goldbraun braten. In einer großen Schüssel Eier und Parmesan mit einer Gabel oder dem Schneebesen gründlich verquirlen.

Die Pasta abgießen und gut abtropfen lassen. In die Schüssel zu den Eiern geben und sofort gut durchmischen, so daß die Eier durch die Hitze der Pasta stocken. Den Speck mit dem Öl darübergießen, erneut durchmischen und servieren.

Köstlich!

Gemüsesuppe mit Knoblauchtoast

Für sechs Personen

4 Mohrrüben
4 Kartoffeln
2 Zwiebeln
150 g Mangold
150 g Kopfsalat oder Eskariol
1 Stück Wirsingkohl
1 Glas Olivenöl
einige Rosmarinblättchen
1 Chilischote
1 1/2 l Wasser
2 EL grobes Salz
12 Scheiben Landbrot oder italienisches Weißbrot
einige Knoblauchzehen
6 EL geriebener Parmesan

Das Gemüse schälen bzw. verlesen und waschen. Mohrrüben und Kartoffeln in Würfel, die Zwiebeln in dünne Scheiben und den Rest in Stückchen schneiden.

Die Hälfte des Öls in einen großen Topf geben und die Zwiebeln darin glasig werden lassen. Nun das restliche Gemüse und die Gewürze zufügen und mit 1 1/2 l Wasser bedecken. Das Salz dazugeben und alles bei milder Hitze 40 Minuten (ab dem Aufwallen berechnet) kochen.

Inzwischen die Brotscheiben auf dem Grill beidseitig kräftig rösten und anschließend mit den Knoblauchzehen abreiben. Jeweils 2 Scheiben auf einen Teller legen und das restliche Öl darüber verteilen.

Die Suppe über die Brotscheiben gießen und jede Portion mit 1 EL Parmesan bestreuen. Schmeckt riesig!

Tagliatelle mit Butter-Salbei-Walnuß-Sauce

Für sechs Personen

600 g Tagliatelle
6 EL gehackte Walnüsse (entspricht 200 g Walnußkernen)
50 g Butter
2 Salbeizweige
6 EL geriebener Parmesan

2 l Wasser unter Zugabe von 1 kleinen Handvoll grobem Salz zum Kochen bringen. Die Tagliatelle hineingeben, umrühren und etwa 10 Minuten garen.
Die Walnußkerne, falls erforderlich, inzwischen hacken. Butter und Salbei in ein Töpfchen geben. Die Butter zerlassen, den Salbei anbräunen. Die Tagliatelle abgießen. Mit der Salbeibutter, dem Parmesan und den Walnüssen gründlich vermengen und dieses vorzügliche Gericht sofort servieren.

Suppen

Fleischbrühe mit Einlage

Für sechs Personen

7 Suppenteller Fleischbrühe
300 g Suppennudeln
6 EL geriebener Parmesan

Die Brühe aufkochen, die Suppennudeln hineingeben und 7–10 Minuten garen. Die Suppe vom Feuer nehmen und den Parmesan unterziehen.

Kartoffel-Reis-Suppe

Für sechs Personen

3 große Kartoffeln	*250 g Reis*
7 Suppenteller Wasser	*25 g Butter*
1 EL grobes Salz	*6 EL geriebener Parmesan*

Die Kartoffeln schälen, waschen und in dünne Scheiben schneiden.
Das Wasser in einen Topf füllen und die Kartoffeln zusammen mit dem Salz hineingeben. Aufkochen und, sobald das Wasser sprudelt, den Reis einstreuen und 20 Minuten garen. Den Kocher abschalten.
Butter und Parmesan unterziehen und diese stärkende, bekömmliche Suppe heiß servieren.

Milchsuppe mit Reiseinlage

Für sechs Personen

1 1/2 l Milch	*1/2 TL Salz*
300 g Reis	*30 g Butter*

Die Milch zusammen mit dem Reis, dem Salz und der Hälfte der Butter in einen Topf geben und alles bei milder Hitze kochen. Dabei häufig rühren (insbesondere gegen Ende des Garvorgangs), damit nichts am Topfboden ansetzt.
Den Kocher abschalten und die restliche Butter unterziehen. Diese nahrhafte Suppe schmeckt heiß am besten.

Tomatensuppe

Für sechs Personen

1 kg reife Tomaten	*300 g altbackenes Landbrot*
1 1/2 l Fleischbrühe	*1 dl Olivenöl*
(oder Wasser)	*4 Knoblauchzehen*
Salz	*einige Salbeiblätter*
Pfeffer	*einige Basilikumblätter*

Die Tomaten durch ein Sieb streichen oder feinhacken und in der Flüssigkeit 10 Minuten kochen. Mit Salz und Pfeffer abschmecken.

Das Brot in Scheiben schneiden. Das Öl mit den geschälten und zerdrückten Knoblauchzehen in eine große Kasserolle geben. Die gewaschenen und trockengetupften Kräuter zufügen. Die Brotscheiben darin beidseitig bräunen.
Nun die Tomaten dazugießen und die Suppe 15 Minuten kochen.
Sie schmeckt heiß ebensogut wie lauwarm oder auch kalt.

Brennesselcremesuppe

Für sechs Personen

2 mittelgroße Zwiebeln
1 Knoblauchzehe
6 EL Olivenöl
3 gehäufte EL Maisstärke (bzw. die gleiche Menge Mehl)
600 g junge Brennesselblätter
1 Prise gehackte Polei- oder Pfefferminze
1 1/2 l Wasser
Salz
Pfeffer

Zwiebeln und Knoblauch schälen und feinhacken. Mit dem Öl in einen Topf geben.
Falls Mehl verwendet wird, dieses nun einrühren und hellbraun rösten. Nun sämtliche anderen Zutaten (mit Ausnahme der Maisstärke) ergänzen und alles 40–50 Minuten kochen. Anschließend alles durch ein Sieb streichen bzw. mit dem Wiegemesser oder dem Gemüsehacker fein zerkleinern und wieder zur Brühe geben.
Die Maisstärke in etwas Suppenflüssigkeit auflösen und die Suppe damit binden. Erneut aufkochen lassen und dabei ständig rühren, damit sich keine Klümpchen bilden. Die Suppe ist servierfertig, sobald sie leicht eindickt (nach etwa 3–4 Minuten).
Dank der besonderen, heilenden Eigenschaften der Brennessel ist diese Gemüsecreme besonders angeraten für Personen mit empfindlichem Magen.
Ein Hinweis: Um die Brennesseln zu sammeln, ohne sich dabei zu verbrennen, gibt es einen Trick, nämlich im Augenblick des Berührens nicht zu atmen. Es ist einen Versuch wert – (allerdings auf eigene Verantwortung und Gefahr)!

Paradiessuppe

Für sechs Personen

1 1/2 l Fleischbrühe
5 Eier
6 EL Semmelbrösel
6 EL geriebener Parmesan
geriebene Muskatnuß

Die Fleischbrühe zum Kochen bringen.
Inzwischen die Eier in einer Schüssel mit der Gabel gründlich verschlagen. Semmelbrösel, Parmesan und etwas Muskatnuß gut unterrühren.
Sobald die Brühe aufkocht, die vorbereitete Eimischung auf einmal hineingießen. Die Suppe zugedeckt bei vermehrter Hitze 2 Minuten kochen.
Erst danach kurz umrühren und sofort servieren.
Eine vorzügliche, leicht verdauliche und dennoch nahrhafte Suppe, die schnell zubereitet ist.

Fleisch-, Fisch- und Gemüsegerichte für den Mittagstisch

Rindergulasch Jäger-Art mit Kartoffelbeilage

Für sechs Personen

1 Salbeizweig
1 Rosmarinzweig
1 Stange Bleichsellerie
2 mittelgroße Zwiebeln
1 Glas Öl
600 g Rindergulasch
2 TL Salz
1 Glas trockener Weißwein
800 g Kartoffeln
1/2 kg frische oder eingemachte Tomaten

Kräuter, Sellerie und Zwiebeln waschen bzw. häuten und alles fein zerkleinern.
Einen Topf, der groß genug ist, um Fleisch und Kartoffeln aufzunehmen, bereitstellen. Das Öl mit dem Kleingeschnittenen hineingeben. Die Fleischstücke ergänzen und auf lebhafter Flamme von allen Seiten kräftig anbräunen. Salzen und den Wein angießen. Zugedeckt 20 Minuten schmoren.

Währenddessen die Kartoffeln schälen, waschen und grobwürfeln. Nach Ablauf der angegebenen Zeit zum Fleisch geben und gut durchziehen lassen.
Zuletzt die kleingeschnittenen Tomaten ergänzen und alles zusammen noch weitere 30 Minuten garen.
Ein herzhaftes, gesundes und dabei preiswertes Gericht.

Kaninchen und Bohnensalat

Für sechs Personen

1 1/2 kg Kaninchenfleisch
50 g Butter
3 Salbeizweige
Salz
600 g frische grüne Bohnen
Öl
Essig

Das Kaninchenfleisch waschen und so zerteilen, daß etwa zwei Stücke pro Person entstehen.
Eine flache, weite Kasserolle auf den Kocher stellen. Butter und Salbei hineingeben und das Fleisch bei starker Hitze rasch anbraten. Salzen und zugedeckt bei milder Hitze 3/4 Stunde garen.
Gleichzeitig in einem zweiten Topf 1 l Wasser unter Zugabe von 1 kleinen Handvoll grobem Salz zum Kochen bringen. Schnell die Bohnen putzen und waschen. Ins Wasser geben, sobald es sprudelt, und 1/2 Stunde kochen. Abgießen und mit Öl und Essig anmachen.
Ein gutes Essen, das in 45 Minuten auf dem Tisch steht.

Gegrilltes Huhn mit Kartoffel-Oliven-Salat

Für sechs Personen

800 g Kartoffeln
2 Hühnchen à 700–800 g
8 EL Öl
Salz
Pfeffer
2 Zitronen
300 g Oliven
1 Glas Olivenöl
3 EL Weinessig

Die gründlich gesäuberten, aber ungeschälten Kartoffeln mit kaltem Wasser aufsetzen und 20 Minuten kochen.

Die Hühner säubern, halbieren und ausnehmen. Die Hälften mit dem Fleischklopfer etwas flachklopfen. Mit Öl einreiben, salzen und pfeffern (pro Hälfte rechnet man 1 TL Salz und 1 Prise Pfeffer).
Den Grill gut vorheizen und die Geflügelhälften bei kräftiger Hitze braten: Sie müssen schön durchgegart sein und eine appetitliche Kruste haben. Mit Zitronenspalten garniert servieren.
Während die Hühnchen garen, die Kartoffeln schälen und in Scheiben schneiden. Mit den Oliven in einer Salatschüssel mischen und mit Öl, Essig und Salz abschmecken.

Gegrillter Stockfisch mit pikantem Zucchinigemüse

Für sechs Personen

1200 g gewässerter Stockfisch
1 Glas Öl
Saft von 3 Zitronen
3 Prisen Salz
1 Prise Pfeffer
2 Rosmarinzweige

1 kg frische Zucchini
Olivenöl
Essig
einige Pfefferminzblätter
1 EL Kapern

Den Fisch in Stücke teilen, waschen und sorgfältig trockentupfen.
Aus Öl, Zitronensaft, Salz und Pfeffer eine Marinade bereiten. Die Fischstücke in ein Gefäß legen, mit der Marinade übergießen und etwa 1 Stunde ruhen lassen, dabei die Stücke gelegentlich wenden.
Ein Stück Alufolie großzügig mit Öl einstreichen und auf dem heißen Rost ausbreiten. Die Fischstücke nebeneinander darauflegen, mit der Marinade beträufeln und mit den Rosmarinblättchen bestreuen. Etwa 20 Minuten unter gelegentlichem Wenden garen.
Währenddessen in einem Topf 1 l Wasser unter Zugabe von 1 kleinen Handvoll grobem Salz aufsetzen. Die vom Stengelansatz befreiten und gewaschenen Zucchini ins sprudelnde Wasser geben und 20 Minuten kochen. Aus dem Wasser nehmen (es kann – wie stets Kochwasser von grünem Gemüse – noch als Grundlage für eine Gemüsesuppe verwendet werden) und, sobald sie sich anfassen lassen, in Scheibchen schneiden.
Mit Öl und Essig anmachen, mit Pfefferminze und Kapern ergänzen und durchmischen. Eine sehr schmackhafte Angelegenheit!

Hamburger mit gemischtem Salat

Für sechs Personen

6 Hamburger à ca. 100 g
Salz
Pfeffer
1 Rosmarinzweig
600 g gemischter Salat
1 Glas Olivenöl
3 EL Weinessig

Den Rost mit Alufolie überziehen und über dem Feuer stark erhitzen. Die Hamburger darauflegen und auf einer Seite 5 Minuten anbräunen, anschließend wenden. Salzen, pfeffern und die Rosmarinblättchen darüber verteilen. Weitere 5 Minuten auf der zweiten Seite garen. Die Alufolie verhindert, daß der austretende Fleischsaft in die Glut tropft und somit wertvolle Nährstoffe verlorengehen.
Den Salat verlesen und gründlich waschen. (Möglichst zwei oder drei verschiedene Sorten miteinander kombinieren, z. B. Kopfsalat, Radieschen, Endivie, Radicchio, Tomate, Paprikaschote, Zwiebel. Am besten verwendet man die Sorten, die auch in der jeweiligen Gegend angepflanzt werden.) Den Salat gut abtropfen lassen und mit Salz, Öl und Essig anmachen. Durchmischen und die köstliche Mahlzeit genießen.

Schweinskotelett vom Rost mit Wirsingsalat

Für sechs Personen

6 Schweinskoteletts à ca. 150 g
Salz
Pfeffer
Öl
3 Rosmarinzweige
600 g Wirsingkohl (er ist leichter verdaulich als Weißkohl)
1 Glas Essig

Die Koteletts leicht salzen und pfeffern und mit etwas Öl beträufeln.
Ein Stück Alufolie auf den heißen Rost legen und die Koteletts darauf ausbreiten. Das Fleisch mit dem Rosmarin bestreuen und erst auf der einen, dann auf der anderen Seite kräftig bräunen.
Inzwischen den Wirsing vorbereiten: Den Strunk sowie häßliche und welke Blätter entfernen (sofern sie nicht gelb oder unansehnlich sind, können sie noch in einer Gemüsesuppe verwertet werden) und den Kopf ganz waschen. Mit einem scharfen Messer halbieren und dann – wie es am be-

sten geht – in feine Streifen schneiden. Diese in eine Salatschüssel geben und mit Öl, Essig und Salz anmachen. Gut durchmischen und vor dem Servieren mindestens 1 Stunde ziehen lassen.
Eine zünftige Mahlzeit!

Fleischspießchen mit Backpflaumen und Pommes frites

Für sechs Personen

30 Backpflaumen (ca.)
900 g Kartoffeln
600 g mageres Rindfleisch
einige Lorbeerblätter
Salz
Pfeffer
1 kräftige Prise Thymian
Öl
1 l Olivenöl zum Fritieren (wiederverwertbar)

Die Pflaumen in einer Schale mit lauwarmem Wasser bedecken und einweichen. Die geschälten und gewaschenen Kartoffeln nach Belieben in Stückchen schneiden. Das Fleisch in nicht zu kleine Stücke teilen.
Die Fleischstücke abwechselnd mit den Pflaumen und hin und wieder einem Lorbeerblatt auf kleine Spieße stecken. Die fertig vorbereiteten Spießchen salzen und pfeffern und mit Thymian bestreuen. Mit Öl einpinseln und auf dem kräftig vorgeheizten Grill unter häufigem Wenden garen, dabei ab und zu mit Öl beträufeln.
Während das Fleisch gart, das Öl zum Fritieren in einer Pfanne erhitzen. Die Kartoffelstückchen portionsweise hineingeben und goldgelb braten. Herausnehmen und salzen.
Heute gibt es wirklich einen Festschmaus!

Hauptgerichte mit Gemüsebeilagen für das Abendessen

Thunfisch mit Erbsen

Für sechs Personen

50 g Butter
1 Salbeizweig
600 g frische Erbsen (bzw. 480 g Erbsen aus der Dose)
Salz
6 Salatblätter
300 g Thunfisch in Öl

Butter und Salbei in eine Kasserolle geben. Die Erbsen zufügen und 20 Minuten garen. (Diese Zeitangabe bezieht sich auf frische Erbsen. Erbsen aus der Dose werden zuvor in einem Sieb unter fließendem Wasser abgebraust und müssen nur 5 Minuten im Fett geschwenkt werden.) Mit Salz abschmecken.
Die Salatblätter sorgfältig waschen und trockentupfen. Auf die einzelnen Teller legen und jeweils 50 g Thunfisch mit einer Portion Erbsen darauf anrichten.
Eine sehr gesunde und nahrhafte Mahlzeit.

Zwiebel-Zucchini-Omelett

Für sechs Personen

300 g Zwiebeln
300 g Zucchini
2 EL Olivenöl
Salz
6 Eier
6 EL geriebener Parmesan
geriebene Muskatnuß
1 Glas Milch

Zwiebeln häuten; Zucchini von den Stengelansätzen befreien, waschen und abtrocknen. Beides in dünne Scheiben schneiden.
Das Öl in eine große Pfanne geben, das vorbereitete Gemüse zufügen und zugedeckt 15 Minuten bei mäßiger Hitze dünsten. Mit Salz abschmecken.
Während das Gemüse gart, die Eier mit 6 Prisen Salz, dem Parmesan, etwas geriebener Muskatnuß und der Milch in eine Schüssel geben. Alles gründlich mit einer Gabel verquirlen. Die Eimischung über das fertig ge-

garte Gemüse gießen und zugedeckt 3–5 Minuten stocken lassen. Das Omelett mit Hilfe des Pfannendeckels wenden und noch 5 Minuten auf der anderen Seite backen. Fertig.

Bockwurst vom Grill mit Paprikagemüse

Für sechs Personen

6 gelbe oder rote fleischige Paprikaschoten
6 EL Öl
2 Knoblauchzehen
1 Handvoll Petersilienblätter
6 Prisen Salz
1 Prise Pfeffer
12 mittelgroße Bockwürste

Die gründlich gewaschenen und trockengeriebenen Paprikaschoten auf den sehr heißen Rost legen und unter gelegentlichem Wenden ringsum rösten, bis sie schön weich sind.
Nachdem sie abgekühlt sind, die dünne Haut abziehen. Die Schoten aufschneiden, aushöhlen und in Stücke teilen. Aus Öl, Knoblauch, gehackter Petersilie, Salz und Pfeffer eine Sauce zubereiten. Das Paprikagemüse damit übergießen und vor dem Servieren einige Minuten ziehen lassen. Währenddessen die Würste auf den sehr heißen Rost legen und von allen Seiten kräftig anbräunen. Schon ist das Essen fertig!

Rindfleisch mit Käse überbacken und Salat

Für sechs Personen

6 Scheiben Rinderkeule à 70 g
3 EL Mehl
1 Glas Olivenöl
Salz
6 Mozzarella- oder Schmelzkäsescheiben
300 g frische Tomaten (ersatzweise aus der Dose)
1 Prise Origano
1/2 kg Salat
6 EL Olivenöl
2 EL Essig

Das Fleisch im Mehl wenden. 1 Glas Öl in einer großen Kasserolle erhitzen, die Fleischscheiben auf beiden Seiten darin anbraten und salzen. Jeweils mit 1 Käsescheibe belegen, ein Stück Tomate darauf und mit Origano würzen. Zugedeckt bei milder Hitze 1/4 Stunde langsam garen. Währenddessen den Salat verlesen, sorgfältig waschen und trockentupfen. Mit Öl, Essig und Salz abschmecken und gut durchmischen.

Makrelen mit Mohrrübensalat

Für sechs Personen

600 g Mohrrüben
6 EL Olivenöl
2 EL Essig
3 Prisen Salz
1 Handvoll Petersilienblätter
1 EL Senf
600 g Makrelen in Öl

Die geschabten Mohrrüben in 1 l kaltem Wasser unter Zugabe von 1 EL grobem Salz aufsetzen und 1/2 Stunde kochen. Anschließend aus dem Wasser nehmen (dieses nicht weggießen, es läßt sich noch für eine Gemüsesuppe verwerten!) und abkühlen lassen.
Sobald sie nur noch lauwarm sind, in dünne Scheiben schneiden und in eine Salatschüssel füllen. Mit Öl, Essig, Salz, gehackter Petersilie und Senf anmachen und gründlich durchmischen.
Die Makrelen auf sechs Teller verteilen, mit dem Salat ergänzen und das Gericht servieren.
Makrelen haben einen hohen Protein- und Mineralstoffgehalt, der Mohrrübensalat liefert in dieser Zubereitung reichlich Vitamine.

Verlorene Eier mit Tomatensalat

Für sechs Personen

900 g Tomaten
1 Basilikumstengel
6 EL Olivenöl
1 EL Essig
6 Prisen Salz
1 l Wasser
1 EL grobes Salz
1 EL Essig
6 frische Eier
6 Sardellen in Öl

Die Tomaten waschen und in Scheiben oder Würfel schneiden. Das Basilikum waschen, die Blättchen feinhacken und zu den Tomaten geben. Den Salat mit Öl, Essig und Salz abschmecken.
Das mit grobem Salz und Essig angereicherte Wasser zum Kochen bringen.

Sobald es aufsprudelt, die Eier vorsichtig nacheinander hineinschlagen. (Sollten sie nicht alle auf einmal hineinpassen, dann werden sie in zwei Portionen zubereitet.) So lange kochen, bis das Eiweiß sich um das Eigelb legt und stockt (ca. 3 Minuten). Mit dem Schaumlöffel behutsam herausheben, gut abtropfen lassen und auf eine Servierplatte legen. Mit den Sardellen garnieren und mit dem Tomatensalat, einer sehr vitamin- und mineralstoffreichen Beilage, zu Tisch bringen.

Mettwürstchen mit Folienkartoffeln

Für sechs Personen

12 Kartoffeln	*Öl*
12 mittelgroße Mettwürstchen	*Salz*

Zuallererst die Kartoffeln paarweise in Alufolie wickeln und zum Garen in die Asche legen. Sie benötigen etwa 3/4 Stunde.
Die Würstchen mehrmals mit der Gabel einstechen, damit überschüssiges Fett abtropfen kann, und auf dem Rost ringsum kräftig bräunen. Wie alles auf dem Rost Gegarte sind sie sehr schmackhaft und überdies aufgrund der Zubereitungsart ausgesprochen gesund.
Die garen Kartoffeln aus der Asche nehmen und schälen. Sie werden entweder so gegessen, oder aber zerteilt, mit Öl beträufelt und gesalzen.

12
Wenn die Familie guter Hoffnung ist

Bei dem Begriff Diät denkt man gleich an etwas Schlimmes, an eine Krankheit, an Entbehrungen und Opfer! Dies ist ein Irrtum, denn es gibt Diäten, die einfach nur auf eine vernünftige Ernährung abzielen, und es gibt spezielle Diäten für spezielle Situationen.
Eine Schwangerschaft ist keine Krankheit, sondern eine gute Gelegenheit, endlich einmal eine gesunde Ernährung zu befolgen.
Die Mutter hat die Pflicht, ihrem »im Werden begriffenen« Kind das Beste zu bieten, was die Natur hervorbringt. Man könnte es etwa mit einem Gast vergleichen, um dessen leibliches Wohl man ja auch sehr bemüht ist.
Außerdem bietet die Schwangerschaft eine ausgezeichnete Gelegenheit, dem Kind von Anfang an mit gutem Beispiel voranzugehen, indem man Dinge, die gesund sind, mit der gleichen Freude ißt wie Dinge, die gut schmecken. Bestimmt wird das dem Kind nicht entgehen.
Um die Ernährungsumstellung zu erleichtern, empfehle ich den Eltern, während der Schwangerschaft gemeinsam den neuen Speiseplan zu befolgen. So unterstützen sie sich gegenseitig und können zusammen ihre Verpflichtung gegenüber dem Kind, das bereits in ihr Eheleben eingetreten ist, wahrnehmen.

Die richtige Ernährung in der Schwangerschaft

Es ist eine weit verbreitete Überzeugung, in der Schwangerschaft müsse man mehr essen, um neben dem Nahrungsbedarf der Mutter auch den des Ungeborenen zu decken. Diese Meinung, die nur teilweise berechtigt ist, kommt in der häufig geäußerten Bemerkung zum Ausdruck, eine werdende Mutter müsse »für zwei essen«.

Dabei handelt es sich natürlich um einen Irrtum, der erstens in völligem Widerspruch zu den tatsächlichen Bedürfnissen der beiden Organismen steht und sich zweitens in vielerlei Hinsicht sogar negativ auswirken kann. Zweifellos bringt eine Schwangerschaft einen erhöhten Energiebedarf mit sich, doch zwischen »gehaltvollerer Ernährung« und »Überernährung« besteht ein erheblicher Unterschied. Andererseits stimmt es natürlich auch, daß eine unzureichende Nahrungszufuhr sowohl bei der Mutter, als auch bei dem Kind, das sich ja mit davon ernährt, Störungen oder sogar Krankheiten hervorrufen kann.

Richtig ist eine Ernährung, die quantitativ leicht über dem Normalen liegt und vor allem qualitativ sehr ausgewogen ist. Sie sollte sehr vielseitig sein, damit die werdende Mutter nicht infolge der hormonellen Umstellung übermäßig zunimmt oder, schlimmer noch, schwere Stoffwechselstörungen auftreten, die als Schwangerschaftsvergiftung oder auch Gestose bekannt sind.

Eine ausgewogene Ernährung während der Schwangerschaft soll nicht nur alles enthalten, was nötig ist, sondern das auch noch in den richtigen Mengen. Wichtig ist vor allem eine ausreichende Versorgung mit Proteinen, die als Grundbausteine des menschlichen Körpers entscheidend am Entstehen des neuen Wesens beteiligt sind. Dabei sollten etwa zwei Drittel, mindestens jedoch die Hälfte, als tierisches Eiweiß zugeführt werden, da es alle essentiellen Aminosäuren enthält. Tierisches Eiweiß ist außer in Fleisch, das unter Umständen Vergiftungserscheinungen oder Unverträglichkeitsreaktionen hervorrufen kann, in Fisch, Eiern sowie Milch und Milchprodukten enthalten. Letztere sind besonders wichtig, da sie den Organismus der Mutter mit Kalzium versorgen, das für den Skelettaufbau des Ungeborenen unerläßlich ist.

Wesentlich ist auch eine entsprechende Zufuhr von Eisen, und zwar nicht nur, um die Reserven der Schwangeren nicht zu schwächen, sondern ebenso, um das Kind in genügendem Maße mit einer Substanz zu versorgen, die es während der gesamten Stillzeit nicht mehr bekommen wird. Tatsächlich ist Eisen einer der ganz wenigen Nährstoffe, die uns die Milch

nicht liefern kann. Sehr eisenhaltig sind Leber, Kakao, Eier, Spinat, Petersilie und Heidelbeeren.
Fette und Kohlenhydrate sollen ebenfalls in der Nahrung enthalten sein, allerdings – um keine abnorme Gewichtszunahme zu begünstigen, die sich immer schädlich auswirkt – nicht über den eigentlichen Bedarf hinausgehend. Dabei sollte ein geringer Anteil aus tierischen Fetten bestehen, damit eine ausreichende Versorgung mit den fettlöslichen Vitaminen gewährleistet ist. Grundsätzlich ist die kalte Verwendung von Fetten angeraten, um einer unnötigen Belastung des Verdauungsapparates wie auch Sodbrennen vorzubeugen.
Viel Obst und Gemüse, ganz wenig Salz. Obst und Gemüse, reichlich und abwechslungsreich zugeführt, unterstützen die – normalerweise herabgesetzte – Darmtätigkeit und liefern zugleich alle benötigten Mineralstoffe und Vitamine. Hierbei ist, besonders in den letzten Schwangerschaftsmonaten, Vitamin K von besonderer Bedeutung, dessen blutstillende Eigenschaften sich – so wird angenommen – bei der Entbindung günstig auswirken; es findet sich reichlich in Tomaten und Spinat. Natriumchlorid, also das ganz normale Speisesalz, sollte nur begrenzt verwendet werden, um einerseits eine vermehrte Wasseransammlung im Gewebe und damit die Gefahr von Ödemen auszuschließen und andererseits die Geburtswehen zu erleichtern und zu verkürzen.

Empfehlungen für einen geeigneten Speiseplan

Frühstück:
Wahlweise Milch, Kaffee, Tee, Joghurt, Cappuccino oder Obst – möglichst alles mit Honig gesüßt –, dazu 3–4 Zwiebacks mit Marmelade (ohne Konservierungsstoffe).
Berufstätige können während der ersten Schwangerschaftsmonate ein Brötchen mit gekochtem Schinken oder frischem Käse essen, müssen dabei aber beachten, daß sie täglich nicht mehr als 100 g Brot bzw. 80 g Pasta zu sich nehmen.

10 Uhr:
1 Glas Milch oder 1 Becher Joghurt oder Obst (Äpfel).

13 Uhr:
Anstelle des ersten Gangs gibt es einen Teller Salat (Mohrrüben, Kopfsalat, Kohl o. ä.).
Das Hauptgericht sollte protein- und mineralstoffreich sein: wahlweise Fleisch oder Fisch (jeweils mindestens 150 g), gekochter Schinken, Frischkäse oder Eier (mindestens 2). Fleisch und Fisch werden gedämpft oder gekocht, auf dem Rost oder in der Ofenröhre gebraten.
Reichlich gekochtes Gemüse.
50 g Brot, sofern Sie nicht bereits welches um 8 oder 10 Uhr zu sich genommen haben.
Obst, 1 Kaffee, auf Wunsch 1 Glas Wein.

17 Uhr:
Wahlweise Tee ohne Kekse, Milch, Joghurt oder Obst.

20 Uhr:
Erster Gang: Gemüsesuppe (gekochtes Gemüse, mit Öl und Parmesan verfeinert). Einmal pro Woche können Sie Pasta, zweimal in der Woche Reis zugeben. Anstelle der Suppe können Sie auch einen Risotto oder ein Pastagericht wählen.
Fleischbrühe führt zu einer gesteigerten Produktion von Magensäure.
Zweiter Gang: Wie zum Mittagessen abwechselnd Fleisch, Fisch usw. Dazu rohes oder gekochtes Gemüse und Obst.

Alle Speisen sollen möglichst wenig mit Öl, Salz und Gewürzen angereichert werden.
Sie sollten täglich mindestens 1 bis 1 1/2 l Flüssigkeit zu sich nehmen (in Form von Wasser, Mineralwasser ohne Kohlensäure, Obst und weiteren Getränken).
Vom Speisezettel gestrichen werden sollten: Fett, Fritiertes, jegliche Süßigkeiten, Saucen, Wurstwaren, Eis, Alkohol, mehr als 2 Tassen Kaffee pro Tag, rohes Fleisch.
Teigwaren, Hülsenfrüchte, sehr süße (d. h. zuckerhaltige) Obstsorten, z. B. Trauben und Feigen, sowie Dörrobst sollten Sie nur begrenzt essen.
Nehmen Sie vermehrt eisen-, kalzium- und vitaminhaltige Lebensmittel in Ihren Speiseplan auf.
Ein- bis zweimal pro Woche ist eine Portion Karamelcreme oder selbstgemachtes Eis erlaubt.

Die Ernährung der werdenden Mutter muß ausgewogen sein und eine ausreichende Versorgung mit Proteinen, Vitaminen und Mineralstoffen gewährleisten, denn in ihrem Körper entwickelt sich neues Leben – ein Mensch mit einem Skelett und Organen, die vom Augenblick der Geburt an ihre Funktion aufnehmen werden.
In der Zeit der Schwangerschaft darf die Ernährung Leber und Nieren nicht zu sehr belasten, denn es ist Aufgabe dieser Organe, die Abfallprodukte des eigenen wie auch des Körpers des Ungeborenen herauszufiltern.

Gemüsesuppen

Tagesbedarf: 200 g
Geschmackliche Verfeinerung: Olivenöl Qualität »extra vergine«, Parmesan nach Belieben
Abwandlungen: Kalt gemixte Tomatensauce, Pesto, gehackte Kräuter

Klassische Gemüsesuppe:
200 g Kartoffeln, 1 l Wasser, dazu nach Geschmack Zwiebeln, Mohrrüben, Sellerie, Erbsen, grüne Bohnen, Tomaten, Zucchini, Basilikum, etwas Salz. Kochzeit 1–3 Stunden. Nach Ende des Garvorgangs Olivenöl und, nach Geschmack, geriebenen Parmesan oder die anderen vorgeschlagenen Ergänzungen unterziehen.

Gemüsesuppe mit Brennesselblättern:
200 g Kartoffeln, 1 l Wasser, dazu nach Geschmack Mohrrüben, Zwiebeln, Erbsen und 400 g junge Brennesselblätter, etwas Salz. Kochzeit ca. 2 Stunden.
Brennessel enthält u. a. Eisen, Magnesium, Natrium, Kalium, Kalzium, Schwefel und Mangan sowie die Vitamine A und B1.

Gemüsesuppe mit Fenchel:
Klassische Variante, dazu 400 g Fenchel.

Zucchini-Basilikum-Suppe:
400 g frische Zucchini, 1 Handvoll Basilikumblätter, 1 l Wasser, etwas Salz. Kochzeit 1/2 Stunde.

Spinatsuppe:
200 g Kartoffeln, dazu nach Geschmack Zwiebeln, Mohrrüben, Kopfsalat, Basilikum, 300 g Spinat, 1 l Wasser, etwas Salz. Kochzeit 1 1/2 Stunden.

Die vorangehenden Beispiele machen deutlich, wie man immer wieder neue geschmackliche Varianten mit anderen Nährstoffbilanzen erhält, wenn man abwechselnd die verschiedenen Gemüsesorten der jeweiligen Jahreszeit zum Hauptbestandteil der Suppen macht.

Pasta und Risottos

Tagesbedarf: 80 g
Geschmackliche Verfeinerung: Olivenöl Qualität »extra vergine«, Parmesan
Abwandlungen: Tomaten mit Basilikum, Öl und Basilikum, Ricotta und Öl, Pesto, Tomaten und Mozzarella, verschiedene Käsesorten

Tagliatelle mit Tomaten und Basilikum:
100 g frische oder eingemachte Tomaten, 10 gehackte Basilikumblätter.

Spaghetti mit Öl und Basilikum:
2 EL Öl, 10 gehackte Basilikumblätter.

Penne rigate mit Ricotta und Öl:
100 g Ricotta in kleinen Stückchen und 2 EL Öl.

Gnocchetti sardi mit Pesto:
2 EL Pesto.

Fusilli mit Tomaten und Mozzarella:
100 g Tomaten und 1/2 Mozzarella in kleinen Stückchen.

Bucatini mit frischem Käse:
100 g Käse (verschiedene Sorten) und 2 EL geriebener Parmesan.

Artischocken-Risotto:
Rezept S. 158.

Käse-Risotto:
Rezept S. 12.

Reis mit Pesto:
2 EL Pesto.

Grüner Risotto:
200 g gedämpften und pürierten Mangold zusammen mit 1 EL Öl und 2 EL geriebenem Parmesan unterziehen.

Ein wichtiger Hinweis: Reis sollte nur in leicht gesalzenem Wasser gegart werden. Für 80 g Reis sind 2 dl Wasser und 1 Prise grobes Salz erforderlich.

Rohes Gemüse

Tagesbedarf: 200–300 g
Geschmackliche Verfeinerung: Olivenöl Qualität »extra vergine«, Zitrone, Salz
Abwandlungen: Pinzimonio, Öl mit Salz und gehackten Kräutern

Artischockensalat:
Verfeinert mit Öl, Zitronensaft, Salz und einigen Scheibchen Parmesan (eisenhaltig).

Mohrrübensalat:
Verfeinert mit Öl, Zitronensaft, Salz und gehackter Petersilie.

Karden in Pinzimonio

Krautsalat:
Sehr feinstreifig geschnitten; mit Öl, Essig und Salz angemacht (sehr vitamin- und mineralstoffhaltig).

Gurkensalat:
Salzen und Wasser ziehen lassen (sonst sind sie schwer verdaulich); mit Öl und Zitronensaft anmachen.

Fenchel in Pinzimonio

Pilzsalat:
Sehr selten und nicht mehr als 100 g; mit Öl und Zitronensaft abschmekken.

Blattsalate:
Grundsätzlich sollten Sie grünen Salat – z. B. Kopfsalat, Feldsalat, Eichblattsalat – oder auch Radicchio verwenden, denn diese Sorten sind vitaminhaltiger. Die hellen Arten – wie Chicorée und Endivie – sind zwar zarter, aber auch vitamin- und mineralstoffärmer.
Eine Marinade aus Öl, Zitronensaft bzw. Essig und Salz schmeckt immer gut.

Paprikasalat:
Paprikaschoten sind das Gemüse mit dem höchsten Vitamingehalt.

Tomatensalat mit Basilikum

Tomaten-Mozzarella-Salat mit Origano

Radieschensalat

Selleriesalat

Gegartes Gemüse und Pesto

Tagesbedarf: 400–500 g
Geschmackliche Verfeinerung: Olivenöl und Zitronensaft
Abwandlungen: Öl, Zitronensaft und gehackte Kräuter; Parmesan und Tomatensauce

Gekochter Spargel:
Mit Öl und Zitronensaft.

Gekochte rote Rüben:
Mit Öl und gehacktem Basilikum.

Gekochte Artischocken:
Mit Öl, Zitronensaft und Salz.

Gekochte Mohrrüben:
Mit Öl, Zitronensaft, Salz und gehackter Petersilie.

Gekochter Blumenkohl:
Mit kalt gemixter Tomatensauce und Parmesan; gratiniert.
Variante: Mit Öl, Zitronensaft und schwarzen Oliven.

Gekochter Rosenkohl:
Mit Öl und Parmesan.

Gekochte Brokkoli:
Mit Öl und Zitronensaft.

Gekochte Zwiebeln:
Mit Pesto.

Gekochte grüne Bohnen:
Mit Kapern, Öl und Pfefferminze.

Gekochter Fenchel:
Mit Parmesan überbacken.

Gegrillte Steinpilze:
Nach dem Grillen mit Öl und gehackter Petersilie verfeinern.

Auberginenauflauf:
Auberginen in Scheiben schneiden, salzen und entwässern. In eine ofenfeste Form schichten, kalt gemixte Tomatensauce mit Basilikum darüber verteilen, reichlich Parmesan und Mozzarella ergänzen. Im Ofen backen.

Im Ofen geröstete Paprikaschoten:
Mit Öl.

Gedämpfter Spinat:
Mit Öl und Parmesan.

Gekochte Zucchini:
Mit Öl, Zitronensaft und gehackter Petersilie.

Pesto für zwei Personen:
16 Basilikumblätter, 2 EL geriebener Parmesan, 2 EL geröstete Pinienkerne, 1 TL grobes Salz, 1 Glas Olivenöl Qualität »extra vergine«.
Sämtliche Zutaten in die Küchenmaschine geben und 1 Minute zerkleinern. Fertig.
Diese leichte und würzige Sauce können Sie während der Schwangerschaft ohne Bedenken essen.

Fleisch

Tagesbedarf: 150 g (gekocht)
Geschmackliche Verfeinerung: Öl und Zitronensaft
Abwandlungen: Rosmarin, Salbei

Rinderfilet:
Gegrillt oder in der Folie gegart.

Kaninchenfilet:
Gegrillt oder in der Folie gegart.

Truthahnbrustfilet:
Gegrillt oder in der Folie gegart.

Hühnerbrüstchen:
Gegrillt oder in der Folie gegart.

Hamburger:
Gegrillt, gedämpft oder mit Mozzarella überbacken.

Gekochtes Rind-, Hühner- oder Kaninchenfleisch:
Als Salat zubereitet.

Rinderleber:
Gegrillt.

Hirn:
Im Ofen gebacken.

Perlhuhn:
In der Folie gegart.

Rinderbraten:
In der Folie gegart.

Fleisch aus Alba:
Nur mit Pferdefleisch (Keule).

Rohes Fleisch:
Nur vom Pferd (um die Gefahr von Bandwürmern und Toxoplasmose zu vermeiden).

Fleischspießchen:
Gegrillt oder in der Folie gegart. Nur aus Rinder- oder Kaninchenfilet sowie Hühnerbrüstchen zubereitet. Zwischen die Fleischstücke jeweils 1 Salbeiblatt geben und die Spießchen salzen. Garzeit im Ofen: 1/2 Stunde bei 250°C.

Garen in der Folie: Das Fleischstück auf Alufolie legen. Leicht salzen und mit Kräutern (Rosmarin, Salbei, Origano) würzen. Die Folie darüberklappen und gut verschließen, damit kein Saft herauslaufen kann. Im vorgeheizten Ofen bei 250°C garen. Man rechnet pro Kilogramm Fleisch 1 Stunde Garzeit.
Diese Garmethode ist äußerst gesund, da durch das Einwickeln in Folie keine Nährstoffe verloren gehen. Würzende Zutaten sind ebensowenig erforderlich wie besondere Aufmerksamkeit: Das Fleisch gart »automatisch«, es muß nicht einmal gewendet werden.

Siedefleisch: In einem Topf wenig Wasser unter Zugabe von Sellerie, Zwiebeln, Rosmarin, Basilikum und Salz zum Kochen bringen. Das Fleisch ins leise köchelnde Wasser legen und langsam garen. Die erforderliche Garzeit variiert je nach Fleischsorte und Größe des Stücks. Besonders geeignet für diese Methode ist der Schnellkochtopf!

Fisch

Tagesbedarf: 300–400 g
Geschmackliche Verfeinerung: Olivenöl Qualität »extra vergine«
Abwandlungen: Verschiedene Kräuter

Sardellen vom Grill
Seehecht in Folie gegart
Goldbrassen im Ofen gegart
Schwertfisch vom Grill
Gedämpfte Seezunge
Meerbarbe in der Folie gegart
Gekochte Forelle
Garnelensalat
Sardinen vom Grill
Gekochter Krake als Salat zubereitet

Die Mehrzahl dieser Gerichte finden Sie im Register.

Gekochter Krake
Hier ein Rezept für eine schmackhafte und zarte Zubereitung: In einem größeren Topf 1 l Wasser zum Kochen bringen (ausreichend für einen Kraken von 600 g – 1 1/2 kg).
Das gesäuberte und gewaschene Tier ins sprudelnde Wasser geben und 3/4 Stunde kochen. Danach 1 Handvoll grobes Salz zufügen und den Kochvorgang noch 1/4 Stunde fortsetzen.
Den Herd abschalten und den Kraken im Wasser erkalten lassen. Herausnehmen und in Stückchen teilen. Mit Öl, Zitrone und gehackter Petersilie anmachen.
Ein ausgezeichnetes und sehr nahrhaftes Gericht, das Ihren Körper reichlich mit Proteinen, Phosphor und weiteren Mineralstoffen versorgt.

Eier

Tagesbedarf: 2

Austerneier
Wachsweiche Eier
Verlorene Eier auf Toast
Mimosen-Eier
Hartgekochte Eier
Hartgekochte Eier mit Öl, Essig und Salz

So könnte der Speiseplan zum Beispiel aussehen

	FRÜHSTÜCK	10 UHR	13 UHR	17 UHR	ABENDESSEN
Montag	Milch, Toast mit Honig	ein Joghurt	gegrilltes Filet rohes und gekochtes Gemüse 30 g Brot Wasser, Wein frisches Obst, Kaffee	ein Joghurt	Gemüsesuppe frischer Käse rohes und gekochtes Gemüse 30 g Brot Obst
Dienstag	Tee, Parmesan, 20 g Grissini	ein Apfel ein Glas Milch	Risotto Siedefleich rohes und gekochtes Gemüse Wein, Obst, Kaffee	ein Apfel ein Glas Milch	gegrillter Fisch rohes und gekochtes Gemüse 20 g Grissini Obst, Kaffee
Mittwoch	Cappuccino, Toast, hausgemachte Marmelade	selbstbereitetes Obstmixgetränk	Krakensalat rohes und gekochtes Gemüse 30 g Brot Wein, Obst, Kaffee	selbstbereitetes Obstmixgetränk	Gemüsesuppe gegrillte Leber rohes und gekochtes Gemüse frisches Obst
Donnerstag	Joghurt, Toast mit Honig	ein Glas Milch ein Apfel	Pastagericht gegrilltes Hirn rohes und gekochtes Gemüse Wein, Obst, Kaffee	ein Glas Milch ein Apfel	rohes und gekochtes Gemüse gekochter Schinken Käse Karamelcreme
Freitag	Milch, Toast, gekochter Schinken	ein Apfel	Garnelensalat rohes und gekochtes Gemüse Brot Fruchtsorbet, Kaffee	ein Apfel	Risotto rohes und gekochtes Gemüse Fisch im Folienmantel frisches Obst
Samstag	Tee, Vollkorn-toast mit Mozzarella	ein Glas Milch	gegrillter Hamburger rohes und gekochtes Gemüse 20 g Grissini Wein, Obst, Kaffee	ein Glas Milch	Gemüsesuppe rohes Gemüse frischer Käse Obstsalat
Sonntag	Cappuccino, Toast mit Marmelade	Obstmixgetränk	Fleischspießchen in Folie gegart, gekochtes Gemüse mit Pesto, Grissini, Wein, Eis	Obstmixgetränk	Gemüsesuppe mit Reis verlorene Eier rohes Gemüse frisches Obst

Zweiter Teil

1
Vorspeisen

Phantasie-Häppchen – Kalbfleischfarce Wiener Art – Reissalat – Salat aus sechserlei Dingen – Wurstsalat – Schinkenmedaillons in Marsalagelee – Mürbeteigbecher – Thunfischpastete – Kanapees – Toast »Verzückte Schwiegermutter« – Mimosen-Eier – Verlorene Eier mit roter Sauce

Phantasie-Häppchen

Für sechs Personen

100 g Berna am Stück
100 g Fontina am Stück
Mixed Pickles
Salami
Schinken
Wiener Würstchen
Petersilie
Radieschen
Walnußkerne
1 hartgekochtes Ei

Den Käse in Würfel schneiden. Auf diese ein Stück Salami, Schinken oder Würstchen geben, darauf Mixed Pickles, Radieschen, Nußkerne, Petersilie oder eine Eischeibe. Die Häppchen mit den Zahnstochern fixieren.
Eine originelle Vorspeise, die sich auch auf einem kalten Büffet gut macht. Besonders lustig sieht es aus, wenn Sie die Spießchen auf einen Apfel oder Kohlkopf stecken!

Kalbfleischfarce Wiener Art

Für zwei Personen

100 g gehacktes Kalbfleisch
1 Glas Weißweinessig
einige Knoblauchzehen
50 g Pilze in Essig
50 g Thunfisch in Öl
Mayonnaise von 1 Eigelb
(Rezept S. 196)
Blätterteig

Das Hackfleisch in ein enges Gefäß füllen und mit dem Essig begießen. Einige Knoblauchzehen zufügen. Das Fleisch mindestens 6 Stunden ruhen lassen.

Den Essig abgießen und das Fleisch gut abtropfen lassen. Pilze und Thunfisch hacken und zum Fleisch geben. Die Mayonnaise ergänzen und alles vermengen.
Die Mischung in Blätterteighüllen, Mürbeteigbecher (siehe S. 137) oder Tomaten füllen oder auch in Kopfsalatblätter wickeln. Mit Mayonnaise dekorieren, mit Petersilienblättern garnieren – und schon ist diese delikate Vorspeise fertig.

Reissalat

Dieses Rezept ist auf S. 80 beschrieben, allerdings benötigen Sie für eine Vorspeise weniger Reis als für einen Picknick-Salat (in diesem Fall 30 g pro Person).
Die Zutaten können variieren: neben den auf S. 80 vorgeschlagenen eignen sich beispielsweise auch Fenchel, Radieschen, Zwiebeln, Artischokken, gekochter Schinken, Salami, Walnußkerne. Ebenso können Sie Reste von Hühnerfleisch, Braten, Siedefleisch usw. verwerten. Übertreiben Sie jedoch nicht mit den Zutaten, sonst liegt Ihnen der Salat wie ein Stein im Magen.
Serviervorschläge: in Tomatenhälften gefüllt, auf Salatblättern angerichtet, auf Toastscheiben verteilt. Lassen Sie Ihrer Phantasie freien Lauf!

Salat aus sechserlei Dingen

Für zwei Personen

50 g Pökelzunge (möglichst frisch), dünn aufgeschnitten
50 g magerer gekochter Schinken, dünn aufgeschnitten
50 g Groviera
50 g roher Fenchel
50 g Knollensellerie oder auch Bleichsellerie
50 g rohe Mohrrüben

Für das Dressing:
2 EL Öl
Saft von 1/2 Zitrone
1 Prise Salz
1 Prise Pfeffer
1 Tasse Mayonnaise (Rezept S. 196)
Mohrrübenscheiben und Petersilienblätter als Garnitur

Die Zungenscheiben übereinanderlegen, aufrollen und in feine Streifchen schneiden. Auf dieselbe Weise mit dem Schinken verfahren. Käse, Sellerie, Mohrrüben und Fenchel ebenfalls in etwa gleichgroße Streifchen schneiden.
In einer Salatschüssel aus Öl, Zitronensaft, Salz und Pfeffer das Dressing rühren. Die vorbereiteten Zutaten hineingeben und gut durchmischen. Zuletzt die Mayonnaise unterziehen.
Den Salat appetitlich in eine dekorative Schüssel häufen und mit sternförmig zugeschnittenen Mohrrübenscheiben und Petersilienblättchen garnieren. (Sie können den Salat auch in einzelnen, mit Salatblättern ausgelegten Glasschalen anrichten.) Bis zum Servieren in den Kühlschrank stellen.
Variante: Wenn Sie pikante Speisen mögen, ergänzen Sie das Dressing mit 1–2 EL Worcestersauce.

Wurstsalat

Für zwei Personen

1 Beutel Wiener Würstchen
Aurorasauce (Rezept S. 193)
Senf nach Belieben

Die Würstchen in Scheiben schneiden. In einer Glasschüssel mit der Aurorasauce und, nach persönlichem Geschmack, mit etwas Senf vermischen.

Schinkenmedaillons in Marsalagelee

Für zwei Personen

Speisegelatine für 1/2 l Flüssigkeit
1 Lorbeerblatt
1 1/2 EL Marsala secco
150 g gekochter Schinken in dicken Scheiben
25 g Butter
Salz
Mayonnaise von 1 Eigelb (Rezept S. 196)
50 g geröstete Paprikaschoten
Petersilienblätter

Zunächst das Gelee bereiten, dafür nach der Packungsvorschrift vorgehen. Doch lassen Sie mich Ihnen folgende drei Tips geben:
a) Die Gelatine in kaltes Wasser einrühren. Den Topf auf den Herd stellen und die Mischung unter ständigem Rühren mit dem Holzlöffel erhitzen. Das Lorbeerblatt ergänzen (es nimmt den künstlichen Geschmack).
b) Sobald die Flüssigkeit aufkocht, die Platte auf die kleinste Stufe herunterschalten. Die Gelatine darf nur leise köcheln, andernfalls bleibt sie trüb.
c) Nach 4 Minuten den Herd abschalten und das Gelee mit 1 EL Marsala secco aromatisieren.
(Das Gelee wird, sobald es weitgehend erstarrt ist, mit der Gabel zerpflückt, in den Dressiersack gefüllt und zur Garnierung kalter Platten verwendet.)
Doch zurück zu den Schinkenmedaillons: Je 2 EL des Gelees in kleine Be-

cherformen (ersatzweise Gläser) füllen. Die Schinkenscheiben auf einem Holzbrett ausbreiten und aus den mageren Teilen mit einem geeigneten Förmchen runde Scheiben ausstechen (2 pro Medaillon).
Die beim Ausschneiden abgefallenen Schinkenreste feinhacken oder durch ein Sieb streichen. Die Butter in einer Schüssel schaumig schlagen und die Schinkenmasse ergänzen. Die Mayonnaise und den restlichen Marsala gründlich unterziehen und die Füllung mit Salz abschmecken.
Die Hälfte der Schinkenscheibchen auf die Arbeitsfläche legen, die Füllung gleichmäßig darauf verteilen und glattstreichen. Die restlichen Schinkenscheibchen darauflegen.
In die Förmchen mit dem inzwischen erstarrten Gelee jeweils ein Stückchen Paprikaschote und ein Petersilienblättchen geben. Die Medaillons darauflegen und mit 2 EL Gelee bedecken. Im Kühlschrank erstarren lassen.
Die Förmchen vor dem Servieren kurz in heißes Wasser tauchen und dann schnell auf einzelne Teller stürzen. Mit den restlichen Paprikaschoten und Petersilienblättern garnieren.

Mürbeteigbecher

Für etwa 10 Förmchen

100 g Mehl
50 g Butter
Wasser nach Bedarf
Reis zum Blindbacken

Das Mehl auf die Arbeitsfläche häufen und schnell mit der Butter und etwas Wasser zu einem geschmeidigen Teig verarbeiten. Diesen einige Minuten durchkneten, in ein Tuch schlagen und etwa 1/2 Stunde ruhen lassen.
Anschließend mit dem Nudelholz zu einem dünnen Fladen ausrollen und damit die bereitgestellten, eingebutterten Blechförmchen auskleiden.
Den Teig mehrmals mit einer Nadel einstechen und den Teigboden mit Reis beschweren, damit er während des Backens nicht aufgeht.
Etwa 10 Minuten im vorgeheizten Ofen backen. Auskühlen lassen, den Reis entfernen und die Teigbecher aus den Förmchen nehmen. Mit Russischem Salat, der auf S. 137 beschriebenen Mischung, Schinken-Mousse oder dergleichen füllen.

Thunfischpastete

Für zwei Personen

200 g Kartoffeln
Mayonnaise von 1 Eigelb (Rezept S. 196)
100 g Thunfisch in Öl
125 g Butter
geriebene Muskatnuß
30 g gehackte Petersilie
10 Kapern
Gemüsestückchen als Garnitur

Die Kartoffeln in kaltem Salzwasser aufsetzen und kochen. Inzwischen die Mayonnaise zubereiten.
Die Kartoffeln schälen und portionsweise jeweils zusammen mit etwas Thunfisch durch ein Sieb streichen. Die erhaltene Mischung mit der Butter, etwas Muskatnuß, der Petersilie und den Kapern verfeinern und alles gründlich vermengen.
Nun diese Mischung entweder zu einem rechteckigen Laib formen oder einen Fisch modellieren.
Setzen Sie Ihr Meisterwerk auf eine schöne Platte und überziehen Sie es mit der Mayonnaise. Die Dekoration überlasse ich Ihrer Phantasie!

Kanapees

Für sechs Personen

Kastenbrot (auch altbacken) in Scheiben

Zum Bestreichen:
Butter, Sardellenpaste, Tomatenketchup, Salsa Verde, Aurorasauce

Zum Belegen:
Salami
Wiener Würstchen
Schinken
Käse
hartgekochte Eier
Mixed Pickles
Walnußkerne
Kapern

Die Brotscheiben toasten und mit Butter oder einer der vorgeschlagenen Saucen bestreichen. Mit den genannten Zutaten in beliebigen Kombinationen belegen.
Eine appetitmachende, nahrhafte und erfrischende kalte Platte, die sich zum Abendessen ebenso eignet wir für einen Imbiß.

Toast »Verzückte Schwiegermutter« Für zwei Personen

20 g getrocknete Pilze
Béchamelsauce aus 20 g Butter, 20 g Mehl, 1,5 dl Milch, Salz
(Anleitung S. 194)
4 Scheiben Kastenbrot
10 Walnußkerne

Als erstes den Ofen auf 200°C vorheizen. Inzwischen die Pilze zum Einweichen in warmes Wasser legen und die Béchamelsauce vorbereiten. Die ausgedrückten und zerkleinerten Pilze unter die Sauce mischen.
Die Brotscheiben mit der Béchamel-Pilz-Sauce bestreichen und die Nußkerne darauf verteilen.
Die Schnitten im Ofen goldbraun gratinieren und heiß servieren.
Beim Genuß wird Ihnen die Bedeutung des Rezeptnamens klar!

Mimosen-Eier Für zwei Personen

2 Eier
50 g Thunfisch in Öl
50 g Pilze in Öl
Löwenzahn, Kopfsalat, Radicchio oder Radieschen als Garnitur

Die Eier in einem Töpfchen mit kaltem Wasser bedecken und auf den Herd stellen. Nach dem Aufwallen 7 Minuten kochen. Anschließend erkalten lassen und schälen. Halbieren und die Eigelbe herausnehmen.
3 Eigelbhälften mit dem Thunfisch und den Pilzen durch ein Sieb streichen. Danach alles gründlich vermischen und zu 4 Kugeln formen, die in die leeren Eiweißhälften gesetzt werden.
Eine Servierplatte mit feinstreifig geschnittenem Löwenzahn oder Salatblättern auslegen und die Eihälften daraufsetzen. Das vierte Eigelb darüberraspeln.
Die Eigelbstückchen erinnern an die gelben, kugeligen Blüten der Mimose – daher der Name dieser Vorspeise.

Verlorene Eier mit roter Sauce

Für zwei Personen

Béchamelsauce aus 25 g Butter, 25 g Mehl, 2 dl Milch, Salz (Anleitung S. 194)
2 EL Tomatenketchup
2 Scheiben Kastenbrot
etwas Butter
2 Eier
2 Sardellen
Essig

Die Béchamelsauce vorbereiten und den Tomatenketchup unterziehen.
Die Brotscheiben leicht mit Butter bestreichen und im vorgeheizten Ofen bei 200°C goldbraun rösten.
In einem weiten Topf mit Salz und Essig gewürztes Wasser aufkochen lassen. Die beiden Eier behutsam hineinschlagen (sie müssen ganz mit Wasser bedeckt sein). Herausnehmen, sobald das Eiweiß völlig gestockt ist.
Die Toasts auf die Teller legen und die Eier darauf anrichten. Mit der roten Sauce überziehen und mit den Sardellen garnieren.
Eine warme Vorspeise oder auch ein neuartiges, sehr schmackhaftes Hauptgericht.

2
Suppen und Eintöpfe

Gemüsecremesuppe mit Toast – Wundersuppe – Wintereintopf auf vier Arten zuzubereiten – Pasta-Bohnen-Eintopf

Gemüsecremesuppe mit Toast

Für zwei Personen

300 g Kartoffeln
4 dl Milch
je 1 Zwiebel, Mohrrübe, Selleriestange
je 1 Bund Petersilie und Basilikum
Rosmarin
Salbei
etwas Butter
Salz
60 g geriebener Parmesan
200 g Kastenbrot in Scheiben

Die geschälten und gewaschenen Kartoffeln in der Milch kochen.
Das sorgfältig vorbereitete Gemüse mit den Kräutern feinhacken. In etwas Butter weichdünsten, salzen und zu den fertig gegarten Kartoffeln geben.
Sämtliche Zutaten im Topf mit dem Zauberstab pürieren. Etwas Butter und den Parmesan unterziehen und die köstliche Suppe zu Tisch bringen.
Dazu geröstete Weißbrotscheiben reichen
Ein wichtiger Hinweis: Geben Sie niemals Pasta hinein, sie würde sich nicht mit der Milch vertragen.

Wundersuppe

Für sechs Personen

7 Tassen Fleischbrühe
6 Eigelb
6 EL Semmelbrösel
6 EL geriebener Parmesan

Verwenden Sie für diese Suppe möglichst Fleischbrühe. Sie können auch Brühwürfel benutzen: Die entsprechende Menge Wasser aufsetzen und sofort die Brühwürfel (aber kein Salz!) hineingeben.
Kurz bevor die Brühe aufkocht, die Eigelbe mit den Semmelbröseln und dem Parmesan in einer Schüssel gut verrühren. Mit etwas Brühe verdünnen.

Sobald die Brühe aufwallt, die Eimischung hineingießen und dabei kräftig mit einer Gabel rühren, um Klumpenbildung zu vermeiden. Noch einmal kurz aufkochen und servieren.
Diese leichte und zugleich nahrhafte Suppe ist besonders dann zu empfehlen, wenn Sie es eilig haben oder keine Pasta- und Reisvorräte im Hause sind.

Wintereintopf auf vier Arten zuzubereiten

Für zwei Personen

je 2 Kartoffeln, Mohrrüben, Zwiebeln, Zucchini, Tomaten
100 g Kürbis
2 Stangen Bleichsellerie
100 g Mangold
200 g dicke weiße Bohnen
50 g Linsen
25 g Petersilie
1 Bund Basilikum
ein paar Salbei- und Rosmarinblätter
2 EL Öl
Salz (nach Geschmack durch 1 Prise Fenchelsamen zu ersetzen)
Butter, geriebener Parmesan und Pfeffer nach Geschmack

Für die Frühlingsvariante zusätzlich:
je 100 g Auberginen, Erbsen, Saubohnen, grüne Bohnen

Klassische Methode (1. Zubereitungsart)
Sämtliche Gemüse und Kräuter sorgfältig vorbereiten und waschen. Die Zutaten, soweit möglich, in Würfel schneiden (besonders interessante Tätigkeit, wenn Sie mal überhaupt nichts zu tun haben). Alles in einen Topf füllen. Öl und Salz bzw. Fenchelsamen ergänzen und das Kochgut mit Wasser bedecken. Zugedeckt aufwallen lassen.
Sobald es kocht, die Platte auf die kleinste Stufe herunterschalten und die Suppe langsam mindestens 2 Stunden garen.
Den Herd abstellen und den Eintopf nach Belieben mit etwas Butter, Parmesan und frisch gemahlenem Pfeffer verfeinern.

Im Schnellkochtopf (2. Zubereitungsart)
In diesem Fall nur ganz wenig Wasser zugeben und aufkochen. Die Platte auf die niedrigste Stufe herunterschalten und , sobald der Dampf aus dem Ventil zu entweichen beginnt, den Eintopf noch 3/4 Stunde kochen.
Den Herd abschalten, den Topf nach Vorschrift öffnen und das Gericht nach Geschmack verfeinern.

Pürierter Eintopf (3. Zubereitungsart)
Die Zutaten werden – sowohl bei der Zubereitung im normalen wie auch im Schnellkochtopf – unzerteilt hineingegeben und wie zuvor beschrieben gegart.
Vor dem Servieren alles durch ein Sieb streichen oder mit dem Zauberstab pürieren. Sollte der Eintopf zu dünnflüssig sein, Croûtons bzw. pro Person 35 g Pasta oder Reis zufügen und den Garvorgang entsprechend vollenden.

Gemüseeintopf aus der Romagna (4. Zubereitungsart)
Neben den oben angegebenen Zutaten werden benötigt:

200 g altbackenes Weißbrot
50 g Fontina in Scheiben
50 g geriebener Parmesan
Butter
Pfeffer

Den Eintopf wie unter Punkt 1 bzw. 2 beschrieben zubereiten. Das Brot in Scheiben schneiden und rösten.
2 Schöpfkellen des Gemüses in eine ofenfeste Form geben, mit Toastscheiben bedecken, etwas Käse darauflegen und ein wenig Parmesan darüberstreuen.
In dieser Reihenfolge sämtliche Zutaten in die Form füllen. Mit Toast, Fontina, Parmesan und ein wenig Gemüse abschließen.
Das Gericht etwa 1/4 Stunde in den auf 200°C vorgeheizten Ofen schieben.

Pasta-Bohnen-Eintopf

Für sechs Personen

300 g getrocknete Borlotti-Bohnen oder 500 g frische
1 Schweinsknochen (möglichst Schinkenknochen)
1 Salbeizweig
Salz nach Bedarf
600 g Schweinerippchen
200 g Schweineschwarte
150 g geräucherter Bauchspeck
1 Knoblauchzehe
Öl nach Bedarf
4 EL Mehl
1/2 kg frische oder getrocknete Pasta (Maltagliati)

Die Bohnen am Vorabend zum Einweichen in lauwarmes Wasser legen. Gut 6 l kaltes Wasser in einen Topf füllen. Die eingeweichten Bohnen, den Knochen und Salbei hineingeben und salzen. Nach 1 Stunde Kochzeit die Rippchen und die sorgfältig gesäuberte Schwarte zufügen.
Den Speck feinwürfeln und zusammen mit der Knoblauchzehe in Öl goldbraun anbraten. Das Mehl einstreuen und etwa 10 Minuten rösten (wie bei der Bereitung einer Mehlschwitze).
Das ganze zu den Bohnen geben und den Eintopf bei milder Hitze noch mindestens 1 Stunde langsam weitergaren. Zuletzt die Pasta ergänzen und den Garvorgang vollenden.
Dieses Gericht liebt lange Kochzeiten. Sie können es ohne weiteres auch 3 Stunden (natürlich bei milder Hitze!) auf dem Herd lassen – der Geschmack kann dadurch nur besser werden.
»Pasta e fagioli«, wie dieser klassische Eintopf in Italien heißt, entfaltet seinen vollen Geschmack, wenn er nicht zu heiß serviert wird. Und aufgewärmt mundet er fast noch besser. Er ist richtig gelungen, wenn die Schöpfkelle im Topf stehenbleibt.

3

Pasta

Bigoli mit Sardellen – Schwiegermutters Knalleffekt – Spinat-Gnocchetti – Gnocchetti sardi auf Paolas Art – Lasagne Bolognesi – Eierteigwaren – Grüne Pasta – Rote Pasta – Heu und Stroh – Pasta mit Butter und Salbei – Spaghetti Carbonara (nach Köhlerart) – Spaghetti mit Tomaten und Mozzarella – Spaghetti mit Tomaten und Thunfisch – Spaghetti nach Pier Anna – Himmlische Tortellini – Pesto auf Genueser Art – Trenette mit Pesto auf Genueser Art – Fleischsauce »Sprint« – Tomatensauce

Bigoli mit Sardellen

Für vier Personen

200 g Sardellen in Salz
400 g Bigoli
1 Knoblauchzehe
5 cl Olivenöl

Bigoli sind eine Pasta-Art, die schon in frühesten Zeiten in der Küche des Veneto eine Rolle spielten. Sie sind häufig aus Vollkornmehl hergestellt und ähneln in ihrer Form dicken Spaghetti. Einst war diese Pasta-Art sehr begehrt, was in einer Redensart aus der Gegend um Mantua zum Ausdruck kommt: Wenn man damals von einer »Einladung zu Bigoli« sprach, dann war das gleichbedeutend mit einer Einladung zu einem guten Mittagessen.

Die Sardellen säubern und entgräten, sorgfältig waschen und trockentupfen.

Reichlich Wasser unter Zugabe von etwas Salz zum Kochen bringen und die Pasta nach Packungsvorschrift garen.

Inzwischen in einem Töpfchen die zerdrückte Knoblauchzehe im Öl langsam goldbraun schwitzen. Den Knoblauch entfernen, die Sardellen hineingeben und mit Hilfe einer Gabel zerpflücken. Weiter erhitzen, bis die Sardellen ganz zerfallen. Das Öl darf dabei allerdings nicht zu sieden beginnen. (In manchen Familien wird die Sauce zusätzlich mit gehackter Petersilie und etwas fein zerkleinertem Thunfisch ergänzt.)

Die Bigoli »al dente«, d. h. nicht zu hart und nicht zu weich, abgießen und mit der Sauce vermengen.

Wie alle Vorgerichte auf Fischgrundlage wird auch dieses ohne Parmesan genossen.

Schwiegermutters Knalleffekt

Für zwei Personen

150 g Penne rigate
4 EL Tomatensauce
4 EL Sahne
100 g gekochter Schinken
25 g Butter
2 EL geriebener Parmesan
2 EL geriebener Pecorino

Die Penne in kochendes Salzwasser geben und nach Packungsanweisung garen. Inzwischen die Tomatensauce mit der Sahne in einem Töpfchen aufkochen. Den Schinken in feine Streifen schneiden.
Die Pasta abgießen. Butter und Sauce unterziehen, die beiden Käsesorten und die Schinkenstreifchen untermischen.
Dies ist eines der typischen Gerichte, mit denen Schwiegermütter ihren Konkurrenzkampf fortsetzen. Eifersucht hilft da gar nichts – es nutzt viel mehr, ihre Rezepte nachzukochen ... um IHM so die Sehnsucht zu nehmen.

Spinat-Gnocchetti

Für vier Personen

700 g Spinat (bei dicken Stielen und viel Abfall auch 1 kg)
200 g Ricotta
3 Eier
5 gehäufte EL Parmesan
Salz
Pfeffer
geriebene Muskatnuß
200 g Mehl (ca.)

Den verlesenen und gewaschenen Spinat kochen, gut ausdrücken und durchpassieren. Den Ricotta ebenfalls durch ein Sieb streichen. Zusammen mit 2 Eiern, 1 Eigelb und dem Parmesan zum Spinat geben. Alles gut mit dem Holzlöffel vermengen. Mit Salz, Pfeffer und Muskatnuß abschmecken. Soviel Mehl einarbeiten, daß die Masse eine gewisse Festigkeit erhält.
Mit den eingeölten Händen kirschgroße Bällchen – die Gnocchetti – formen und auf einen eingemehlten Teller legen.
Reichlich Wasser unter Zugabe von Salz zum Kochen bringen. Die Gnocchetti behutsam hineingleiten lassen und vorsichtig umrühren. Nach dem erneuten Aufwallen etwa 1 Minute im leise sprudelnden Wasser garen.

Sie schmecken ausgezeichnet mit zerlassener Butter und Parmesan oder auch mit Tomatensauce. Stellen Sie sich vor, wie gut Sie vor Ihrer Schwiegermutter dastehen!

Gnocchetti sardi auf Paolas Art

Für zwei Personen

150 g Gnocchetti sardi
100 g geräucherter Bauchspeck
5 Basilikumblätter
1 kleiner Bund Petersilie
1 Zwiebel
150 g frische oder eingemachte Tomaten
100 g Borlotti-Bohnen aus der Dose
1 EL geriebener Pecorino
1 EL geriebener Parmesan

Gut 1 l gesalzenes Wasser aufsetzen. Sobald es sprudelnd aufkocht, die Pasta hineingeben und etwa 20 Minuten garen.
Inzwischen den Speck feinwürfeln und in einem kleinen Topf leicht anbraten. Die gewiegten Kräuter und die gehackte Zwiebel zufügen und mitdünsten.
Nun die zerkleinerten Tomaten ergänzen und ziehen lassen. Salzen und die gut abgetropften Bohnen zufügen. Umrühren und die Sauce einige Minuten durchkochen.
Die Gnocchetti sardi abgießen und mit der herzhaften Sauce vermengen. Den Käse unterziehen, noch einmal durchmischen und das Gericht heiß zu Tisch bringen. Da sage noch jemand, das Leben wäre nicht wunderschön!...

Lasagne Bolognesi

Für zwei Personen

Béchamelsauce (Rezept S. 194)
Fleischsauce (Rezept S. 198)
300 g Lasagne (möglichst frisch)
200 g Fontina in Scheiben
100 g geriebener Parmesan

Zunächst eine ziemlich dünnflüssige Béchamelsauce und die Fleischsauce zubereiten.
Die Lasagneblätter in Quadrate von 5 cm Kantenlänge schneiden. In einem großen Topf reichlich Salzwasser aufsetzen. 4-5 Pastablätter ins

sprudelnde Wasser gleiten lassen und 3 Minuten kochen. Vorsichtig herausheben, abtropfen lassen und mit kaltem Wasser abbrausen. Nebeneinander auf ein nasses Küchentuch legen (so können die Pastablätter nicht miteinander oder mit der Unterlage verkleben). Nie zuviel Pasta auf einmal garen!
Eine ofenfeste Form mit etwas Fleischsauce ausstreichen. Eine Schicht Lasagneblätter daraufgeben und wieder etwas Fleischsauce darüber verteilen. Nun folgt ein wenig Parmesan, etwas Fontina und dann Béchamelsauce. Inzwischen ist die zweite Portion Pasta gar, und Sie können die Form weiter in der angegebenen Reihenfolge füllen. Zuletzt alles mit Béchamelsauce bedecken. Das Gericht im vorgeheizten Ofen bei 270°C backen, bis es goldgelb überkrustet ist.
Wenn Ihr Appetit sich in den üblichen Grenzen bewegt, können Sie nach diesem wunderbaren Gericht noch eine Scheibe Siedefleisch mit einem kleinen Salat und vielleicht einen leichten Obstsalat verkraften. Damit bekommt Ihr Körper sämtliche Vitamine, die eine vernünftige Ernährung verlangt.

Selbstgemachte Pasta

Eierteigwaren

Für zwei Personen

150 g Mehl *1 Ei*
20 g Hartweizengrieß *1 Prise Salz*

Mehl und Grieß auf die Arbeitsfläche häufen, in die Mitte eine Mulde drücken und das Ei mit etwas Salz hineingeben.
Mit einer Gabel das Ei behutsam mit dem umgebenden Mehl vermischen und alles mit den Händen zu einem geschmeidigen Teig verkneten. Erforderlichenfalls etwas lauwarmes Wasser zugeben. Der Grieß hat die Aufgabe, den Teig zusammenzuhalten, damit Sie später leckere Pasta und nicht eine klebrige Masse auf dem Teller haben.
Den Teig in ein Tuch schlagen, 1/4 Stunde ruhen lassen und anschließend verarbeiten: Dünn ausrollen und nach Belieben zerschneiden.

Grüne Pasta

Die Herstellung erfolgt wie zuvor beschrieben, wobei Sie allerdings zusätzlich 25 g gedämpften und passierten Spinat in den Teig einarbeiten.

Rote Pasta

In diesem Fall erhält die Pasta ihre Farbe durch das Beimengen von 7 g Tomatenmark.

Heu und Stroh

Für zwei Personen

1 Salbeizweig
25 g Butter
25 g Küchensahne
100 g Erbsen (frisch oder tiefgefroren)
25 g Mascarpone
70 g grüne Tagliatelle
70 g gelbe Tagliatelle
100 g gekochter Schinken
2 EL geriebener Parmesan

Den Salbei in der Butter anbräunen. Die Sahne dazugeben und aufkochen. Die Erbsen und zuletzt den Mascarpone ergänzen. Alles 15 Minuten durchkochen.
Inzwischen die Pasta garen und abgießen. Den in Streifchen geschnittenen Schinken, die Sahnesauce und den Parmesan unterziehen und gründlich durchmischen.
Guten Appetit!

Pasta mit Butter und Salbei

Für zwei Personen

Die Anleitung für dieses Gericht können Sie auf S. 13 nachlesen.

Spaghetti Carbonara (nach Köhlerart) Für zwei Personen

Diese Zubereitung ist bereits auf S. 102 beschrieben, allerdings im Kapitel für hungrige Pfadfinder. Hier nun etwas bescheidenere Mengen und dafür etwas raffiniertere Zutaten.

150 g Spaghetti
2 EL Olivenöl
100 g geräucherter Bauchspeck
1 Eigelb
2 EL Sahne
2 EL geriebener Pecorino
2 EL geriebener Parmesan
frisch gemahlener Pfeffer

Spaghetti mit Tomaten und Mozzarella Für zwei Personen

150 g Spaghetti
100 g frische Tomaten
100 g Mozzarella

Die Spaghetti kochen. Inzwischen die Tomaten häuten und feinhacken; den Mozzarella feinwürfeln.
Die Pasta abgießen und wieder in den Topf füllen. Sofort die Mozzarellawürfel untermischen. Den Topf kurz auf die noch warme Platte stellen, damit der Mozzarella besser zerläuft. Die Spaghetti wieder vom Herd ziehen, die Tomaten untermischen und dieses leichte und nahrhafte Gericht sofort servieren.

Spaghetti mit Tomaten und Thunfisch Für zwei Personen

150 g Spaghetti
200 g frische Tomaten
100 g Thunfisch in Öl

Die Spaghetti in kochendes Salzwasser geben und nach Vorschrift garen. Währenddessen die Tomaten häuten und feinhacken, den Thunfisch fein zerkleinern.

Die Pasta abgießen und mit Tomaten und Thunfisch vermengen. Öl ist nicht erforderlich, denn der Fisch gibt bereits genug ab.
Eine leichte, schmackhafte und schnell zubereitete Mahlzeit.

Spaghetti nach Pier Anna

Für zwei Personen

150 g Spaghetti
100 g Eiertomaten
2 Knoblauchzehen
1 kleiner Bund Basilikum
1 kleiner Bund Petersilie
4 EL Olivenöl
geriebener Parmesan nach Geschmack

Während die Pasta kocht, die Tomaten häuten (vorheriges kurzes Überbrühen mit heißem Wasser erleichtert die Arbeit) und fein zerkleinern. Knoblauch, Basilikum und Petersilie feinhacken.
Die Spaghetti abgießen, sobald sie »al dente« sind (d. h. so lange sie noch Biß haben), und in einer Schüssel mit den rohen Tomaten vermengen. Das Feingehackte darüber verteilen.
Das Öl in einem Töpfchen erhitzen und über die Spaghetti und Kräuter gießen. Die Schüssel zudecken und das Gericht einen Augenblick ziehen lassen. Durchmischen und servieren, dazu nach Geschmack geriebenen Parmesan reichen.
Die Tomaten und Kräuter, die roh zur Verwendung kommen, verleihen dieser Zubereitung nicht nur einen köstlichen Geschmack, sondern auch einen enormen Vitamingehalt.

Himmlische Tortellini

Für zwei Personen

Für die Pasta:
200 g Mehl
1 Ei

Für die Füllung:
100 g gekochter Schinken
25 g Butter
3 EL geriebener Parmesan
1 Eigelb
geriebene Muskatnuß
1 Prise Salz

Das Mehl mit dem Ei zu einem elastischen Teig verkneten.
Den Schinken feinhacken. Die Butter schaumig schlagen und gründlich mit dem Schinken, Parmesan und Eigelb vermischen. Die Füllung mit Muskat und Salz abschmecken.
Den vorbereiteten Teig dünn ausrollen und 4 cm große Kreise ausstechen. Auf die Teigstücke jeweils etwas Füllung geben. Die Teigscheibchen in der Mitte zusammenklappen und die beiden Enden der entstandenen Halbmondform fest zusammendrücken.
Wenn alle Zutaten verarbeitet sind, einen großen Topf mit reichlich Salzwasser aufsetzen. Die Tortellini im leise sprudelnden Wasser 3–4 Minuten garen.

Pesto auf Genueser Art

Für zwei Personen

16 Basilikumblätter
10 g Pinienkerne
1 Knoblauchzehe
1 Prise grobes Salz
2 EL geriebener Parmesan und
Pecorino sardo (nicht zu pikant)
1/2 Glas Olivenöl

Traditionsgemäß wird das richtige Pesto im Mörser, der aus Marmor gefertigt sein muß, mit einem Stößel aus Buchsbaumholz hergestellt.
Die Basilikumblätter behutsam waschen und trockentupfen, ohne sie dabei zu beschädigen. Mit den im Ofen gerösteten Pinienkernen, der Knoblauchzehe und dem Salz (das die grüne Farbe des Basilikums bewahren hilft) in den Mörser geben. Nun die Zutaten mit dem Stößel an

der Gefäßwand zerreiben (nicht zerstoßen, wie es fälschlicherweise oft geschieht). Nach und nach den Käse einarbeiten – je nach Geschmack kann Pecorino oder Parmesan überwiegen.
Sobald eine geschmeidige Mischung entstanden ist, diese in eine Schale füllen und unter ständigem Rühren mit dem Holzlöffel das Öl unterziehen. Weiterrühren, bis das Pesto eine cremige Konsistenz aufweist.
Man verwendet Pesto als Sauce für Pasta (in der klassischen ligurischen Version mit »Trenette«), wobei es mit einigen EL des Pastawassers verdünnt wird. Es dient aber auch zum Verfeinern von Gemüsesuppe; in dem Fall wird es in etwas Brühe verrührt und einige Minuten vor Ende des Garvorgangs zur Suppe gegeben.
Ein Hinweis: Da ich nicht über einen Mörser verfüge, gebe ich Basilikum, Knoblauch, Pinienkerne, Salz, Käse und Öl zusammen in den Mixer – und schon nach 1 Minute habe ich das leckerste Pesto.

Trenette mit Pesto auf Genueser Art Für zwei Personen

2 mittelgroße Kartoffeln
30 g zarte grüne Bohnen
140 g getrocknete Trenette
2 große EL Pesto
geriebener Pecorino

In einem großen Topf reichlich Wasser unter Zugabe von Salz aufkochen. Die Kartoffeln schälen und in Stückchen schneiden. Die Bohnen putzen, waschen und halbieren oder dritteln. Das Gemüse ins sprudelnde Wasser geben.
Sobald es beinahe gar ist, die Pasta zufügen und »al dente« kochen. Nun das Kochwasser abgießen, dabei 1 Schöpfkelle auffangen.
Die Trenette in eine Schüssel füllen. Das Pesto mit dem Kochwasser verdünnen und über die Pasta geben. Mit Pecorino bestreuen, durchmischen und servieren.

Fleischsauce »Sprint«

Für zwei Personen

1 Stange Bleichsellerie
1 kleine Zwiebel
je 1 kleiner Bund Petersilie und Basilikum
je 1 Salbei- und Rosmarinzweig
1 Tüte getrocknete Pilze (nach Belieben)
Öl
40 g rohes Hackfleisch (mit bereits gegartem Fleisch gelingt die Sauce nicht so gut, da das Fleisch wertvolle Geschmacksstoffe bereits eingebüßt hat)
40 g Bratwurst
Salz
1 Glas trockener Wein
200 g frische oder eingemachte Tomaten

Sellerie, Zwiebel und Kräuter waschen und feinhacken (nicht in den Mixer geben, da der austretende Saft später eine schöne Bräunung verhindert). Die Pilze zum Einweichen in warmes Wasser legen.
Das Öl erhitzen und das Feingehackte anbräunen. Hackfleisch und Wurstbrät zufügen und anbraten. Erst gegen Ende des Vorgangs salzen (verfrühtes Salzen entzieht dem Gemüse und Fleisch Flüssigkeit, die ein appetitliches Bräunen verhindern). Den Wein angießen und unter Rühren verdampfen lassen. Die feingehackten Pilze zugeben und durchmischen.
Zuletzt die zerkleinerten Tomaten ergänzen und 1 Glas kaltes Wasser dazugießen. Den Herd hochschalten und die Sauce zugedeckt mindestens 1 Stunde – besser noch 2 Stunden! – kochen.
Dieses ist das berühmte italienische Ragù. Wir machen es gut, denn wir wollen ja unserem guten Ruf gerecht werden. Eine aufwendige Sauce, die jedoch vielseitig zu verwenden ist: für Pasta, Aufläufe, Risottos, Gnocchi di patate, zum Aufwärmen von Bratenresten und Frikadellen und für Rührei. Gut verschlossen hält sie sich im Kühlschrank eine Woche, doch läßt sie sich auch ohne weiteres, in kleine portionsgerechte Behälter gefüllt, einfrieren.

Tomatensauce

200 g frische oder eingemachte Tomaten
Zwiebel
Sellerie
Basilikum
Petersilie
Salbei
Rosmarin
Salz
etwas Olivenöl

Die zerteilten Tomaten mit dem restlichen zerkleinerten Gemüse, den Kräutern und dem Salz ohne Zugabe von Wasser 1/4 Stunde kochen. Anschließend durch ein Sieb streichen. Die Sauce weiter einkochen, falls sie zu dünnflüssig ist.
Vor der Verwendung etwas Öl unterziehen.
Diese leichte, fettarme Sauce paßt ausgezeichnet zu Reis, Pasta und Rührei und kann längere Zeit im Kühlschrank aufbewahrt werden.

4

Reisgerichte

Pilz-Risotto – Reis mit Fonduta – Artischocken-Risotto – Risotto mit Radicchio – Risotto mit Wachteln

Pilz-Risotto

Für zwei Personen

1 l Fleischbrühe
1 Tütchen getrocknete Pilze
2 EL Olivenöl
150 g Reis
2 EL geriebener Parmesan

Wenn Sie zufällig gerade Fleischbrühe vorbereitet haben, verwenden Sie diese. Ansonsten bereiten Sie sie mit Brühwürfeln zu.
Die Pilze 3 Minuten in heißem Wasser einweichen. Anschließend gut ausdrücken und feinhacken.
Das Öl in einer Kasserolle erhitzen und die Pilze darin andünsten. Den Reis zufügen und 2–3 Minuten glasig werden lassen. Soviel heiße Brühe zugießen, daß der Reis soeben bedeckt ist. Mit dem Holzlöffel rühren und warten, bis die Brühe vom Reis ganz aufgesogen ist. Nun wieder etwas Brühe nachgießen. Rühren Sie immer nur dann, wenn Sie Flüssigkeit nachfüllen. Auf diese Weise kann der Reis nicht ansetzen und Sie müssen nicht ständig rühren.
Der Risotto ist fertig, wenn er keine Brühe mehr aufnimmt, im allgemeinen nach etwa 1/4 Stunde. Den Herd abschalten, den Parmesan unterziehen und das Gericht servieren.
(Eine andere, etwas aufwendigere Variante dieses Risottos finden sie auf S. 60.)

Reis mit Fonduta

150 g Reis in kochendes Salzwasser geben und 1/4 Stunde garen. Abtropfen lassen, ein paar Tropfen Olivenöl und die Fonduta (Rezept S. 53) unterziehen und servieren.
(Sie können den Reis auch in kleine Blätterteighüllen füllen.)

Artischocken-Risotto

Für zwei Personen

1/2 l Brühe (Hühner- und Rindfleischbrühe zu gleichen Teilen)
2 Artischocken
25 g Butter
150 g Reis
25 g geriebener Parmesan

Die Brühe aufkochen (Sie können ohne weiteres Brühwürfel verwenden).
Inzwischen die Artischocken vorbereiten und in dünne Scheiben schneiden. Die Butter in eine Kasserolle geben und die Artischocken darin dünsten. Den Reis zugeben und durchmischen. Nun nach und nach die heiße Brühe angießen, dabei jeweils rühren (Sie müssen nicht die ganze Zeit rühren!).
Nach etwa 15 Minuten ist der Reis so, wie er sein sollte: »al dente«, d. h. er ist gar, hat aber noch Biß. Den Herd abschalten, den Risotto mit dem Parmesan abrunden und sofort servieren.
Ein sehr schmackhaftes und bekömmliches Gericht.

Risotto mit Radicchio

Für zwei Personen

Öl
Butter
1 mittelgroße Zwiebel
100 g Radicchio
150 g Reis
1 Spritzer trockener Weißwein
1 l Fleischbrühe
2 EL geriebener Parmesan

Etwas Butter mit etwas Öl in einer Kasserolle erhitzen und die feingehackte Zwiebel darin anschwitzen. Sobald sie glasig ist, den gewaschenen und in Streifen geschnittenen Radicchio dazugeben und weich dünsten. Den Reis zufügen und kurz ziehen lassen. Den Wein angießen und verdampfen lassen. Nun nach und nach die kochendheiße Brühe zugießen, dabei unaufhörlich rühren.
Zuletzt den Parmesan unterziehen und den Risotto heiß servieren. Zugegeben, die Farbe ist etwas merkwürdig, aber der Geschmack ist ausgezeichnet. Sie werden überrascht sein!

Risotto mit Wachteln

Für vier Personen

4 größere Wachteln, küchenfertig vorbereitet
Salz
4 dünne Scheiben fetter oder durchwachsener Speck
1 l helle Fleischbrühe (auch etwas mehr)
100 g Butter
1/2 Glas trockener Weißwein (auch etwas mehr)
Pfeffer
1 Rosmarinzweig, 1 Knoblauchzehe, etwas Salbei (nach Belieben)
1 mittelgroße Zwiebel
150 g Reis
kleine, feste Steinpilze (nach Belieben)
5 große EL geriebener Parmesan

Die vorbereiteten Wachteln sorgfältig waschen und gründlich abtrocknen. Die Lebern mit 1 Prise Salz in die Wachteln geben, die Vögel mit den Speckscheiben umwickeln und diese mit Küchenzwirn zusammenheften. Die Brühe aufkochen.

In einer Kasserolle, die gerade groß genug ist, um alle Wachteln nebeneinander aufzunehmen, 30 g Butter anbräunen. Die Wachteln hineinsetzen und anbraten. Nach und nach den Wein bis auf einen kleinen Rest angießen. Sobald er verdampft ist, die Wachteln pfeffern und salzen und bei mäßiger Hitze unter häufigem Wenden schmoren. (Nach Geschmack können Sie auch 1 Rosmarinzweig, 1 zerdrückte Knoblauchzehe und einige Salbeiblätter zufügen.)
Nun sofort in einem weiteren Topf, in dem Sie normalerweise den Reis kochen, gut die Hälfte der restlichen Butter zerlassen und die in hauchfeine Scheiben geschnittene Zwiebel darin glasig schwitzen, ohne sie jedoch zu bräunen. Den Reis zufügen, unter ständigem Rühren 1–2 Minuten anrösten und mit dem restlichen Wein ablöschen.
Sobald er verdampft ist, 1 Schöpfkelle heiße Brühe angießen und ständig rühren, bis sie vom Reis ganz aufgenommen ist. Wieder etwas Brühe nachfüllen und auf diese Weise den Reis fertig garen (er darf nicht zu weich werden!). 5 Minuten vor Ende des Garvorgangs den Risotto mit der restlichen Butter und der Hälfte des Parmesan verfeinern.
Den Risotto auf eine vorgewärmte Servierplatte geben und die Wachteln daraufsetzen (vorher die Fäden entfernen). Mit dem Schmorfond übergießen, den Sie, falls nötig, mit etwas heißer Brühe verdünnen. Den restlichen Parmesan separat dazu reichen.
Wenn Sie ein paar Steinpilze zum Fond geben, wird das Gericht natürlich noch viel köstlicher!
Sie können diesen Risotto ohne weiteres als Hauptmahlzeit servieren, wenn Sie danach noch etwas Käse und Obst reichen. In diesem Fall benötigen Sie 8 schön fleischige Wachteln und selbstverständlich auch etwas mehr von einigen der anderen Zutaten.

5
Fleisch und Geflügel

Bratwurst vom Grill – Fleischspieße »Allerlei« – Filetsteak vom Grill – Großer gemischter Fleischspieß – Schmorbraten in Rotwein – Kaninchensalmi – Perlhuhn im Folienmantel – Kalbfleisch aus Alba – Pizzaiola Hausmanns-Art – Spießchen auf römische Art – Steak aus dem Aostatal (auf meine Art) – Kaninchenfilet im Ofen gebraten – Hühnerbrüstchen in Sahnesauce – Hähnchenbrustfilet in Pilz-Sahne-Sauce – Pikantes Hühnerragout – Olivenhuhn – Hähnchen vom Spieß – Wachteln in Milch – Ragout auf meine Art

Fleisch

Der Nährwert von Fleisch und seine Bedeutung in der Ernährung von Jugendlichen und Heranwachsenden ist heutzutage ein so vieldiskutiertes Thema, das sich eine weitere Stellungnahme hier erübrigt.

Fleisch gliedert sich in drei große Untergruppen:

a) rotes Fleisch: Rind, Schwein, Lamm, Pferd usw.

b) helles Fleisch: Kalb, Kaninchen, Geflügel, Fisch

c) dunkles Fleisch: Wildschwein und generell Wild

Verdaulichkeit: Natürlich schwankt sie von Sorte zu Sorte, doch ist helles Fleisch anerkanntermaßen für Genesende und Menschen mit schwachem Magen am besten geeignet. Um einen guten Geschmack und Bekömmlichkeit zu garantieren, muß das Fleisch abgehangen sein, d. h. von einem Tier stammen, das bereits 24 oder 36 Stunden zuvor geschlachtet wurde. Welches ist das beste? Diese Frage kann man generell nicht beantworten. Man wählt das entsprechende Fleischstück je nach Gericht, nach der Person, die es essen soll, nach dem Klima, in dem man lebt und ähnlichen Faktoren. Entscheidend ist dabei nicht allein die Fleischsorte, sondern auch das jeweilige Stück.

Garmethoden für Fleisch:

Braten und Kochen

Beim Braten verbleiben die Nährstoffe im Fleisch, da sich unter der direkten Hitzeeinwirkung eine leichte Kruste bildet, die das Austreten des wertvollen Fleischsaftes verhindert. Diese Methode umfaßt die Zubereitung von Braten im Ofen, das Braten auf dem Grill oder am Spieß sowie in der Pfanne oder Kasserolle.

Beim Kochen gibt das Fleisch einen Teil seiner Nährstoffe an die Flüssigkeit ab, in die es hineingelegt wird oder die während des Garvorgangs ergänzt wird. (Bei der Zubereitung von Siedefleisch muß man sich entscheiden, ob man ein gutes Stück Fleisch oder eine gute Brühe erhalten möchte. Im letzteren Fall setzt man das Stück in kaltem Wasser unter Zugabe würzender Zutaten – Sellerie, Mohrrübe, Zwiebel, Rosmarin, Gewürznelken – auf, andernfalls gibt man es in sprudelndes gesalzenes und gewürztes Wasser.) Unter diese Methode fällt – natürlich – Siedefleisch und auch Schmorbraten.
Neben diesen zwei Hauptzubereitungsarten spielt noch eine dritte eine wesentliche Rolle: das Fritieren.

Fleischstücke

Zum Braten: Filet, Hochrippe, Hüfte und Oberschale eignen sich für Steaks oder große Braten. Achten Sie beim Filetkauf darauf, daß Sie das beste Stück aus der Mitte bekommen.
Zum Kochen: Für eine gute Brühe und zugleich ein gutes Stück Fleisch verlangen Sie Dünnung, Fehlrippe oder auch Querrippe. Kommt es Ihnen aber in erster Linie auf eine gehaltvolle Brühe an, dann nehmen Sie ein Stück Beinscheibe.
Zum Kurzbraten und Grillen verwenden Sie vorzugsweise ein Stück aus der Hüfte, Kugel oder Oberschale.
Für Ragout: Hinterhesse oder Muskelfleisch.
Zum Schmoren: Oberschale, Schwanzstück, Dünnung, Fehlrippe.

Grillen – Praktische Hinweise einer erfahrenen Köchin

Zu Anfang seiner Kochkarriere kann sich jeder an die Garzeiten halten, die in der nachfolgenden Tabelle angegeben sind. Doch gibt es noch weitere Regeln, die man nicht vergessen darf.
Zunächst einmal soll das Fleisch möglichst trocken sein, wenn es auf den Rost gelegt wird. Es muß besonders gut abgetrocknet werden, wenn es, wie von vielen Rezepten verlangt, in eine Marinade eingelegt war. Mit dieser Marinade, die normalerweise aus Öl, Zitronensaft und Gewürzen gerührt ist, wird dann das Fleisch während des Garvorgangs – vorsichtig, damit nichts in die Glut tropft und einen unangenehmen Geruch verbreitet – eingepinselt, damit es nicht zu sehr austrocknet.
Salz und Pfeffer kommen nur ganz zuletzt zur Verwendung, am besten erst, wenn das Fleisch bereits vom Grill genommen wurde. Andernfalls

Garzeiten für Fleisch vom Grill und Spieß (Richtwerte in Minuten)

Fleischart	*Dicke*	*Temperatur*	*englisch*	*halb durchgebraten*	*durchgebraten*
Rind					
Beefsteak	3 cm	stark	4	6	10
Rostbeef	4 cm	stark	7	10	15
Filet	4 cm	stark	6	10	15
Spießchen	–	mittel	6	8	10
Frikadellen	3 cm	stark	6	8	10
Kalb					
Schnitzel	1 cm	mittel	–	4	6
Kotelett	2 cm	mittel	–	9	12
Spießchen	–	mittel	–	10	12
Großes Stück	–	mittel	–	15/300 g	–
Schwein					
Schnitzel	2 cm	schwach	–	–	10
Kotelett	2 cm	schwach	–	–	10
Großes Stück	–	schwach	–	–	15/300 g
Spießchen	–	schwach	–	8	11
Lamm					
Kotelett	1 cm	schwach	3	4	6
Spießchen	–	schwach	–	6	8
Keule	–	schwach	–	25/1 kg	–
Rücken	–	schwach	–	15/1 kg	–
Geflügel					
Ganzes Huhn (am Spieß)	–	mittel	–	35	–
Zerlegtes Huhn	–	mittel	–	35	–
Taube	–	mittel	–	25	–
Ente	–	stark	–	35	–
Federwild					
Wachtel	–	stark	–	12	–
Rebhuhn	–	stark	–	25	–
Fisch					
Ganz	4 cm	mittel	–	15	–
Ganz, klein	2 cm	mittel	–	6	–
Filet	–	mittel	–	5	–
Schnitte	2 cm	mittel	–	6	–

würde besonders Salz die Oberfläche und damit die Kruste aufweichen, die ein Austreten des Fleischsaftes verhindern soll.
Wenn Sie über Holzkohlenglut garen, kommt es besonders auf die richtige Strahlungshitze an. Hierzu einige wichtige Hinweise: Die Oberfläche der Glut muß mindestens doppelt so groß sein wie die des Fleischstückes und die Holzkohle sollte zugunsten einer optimalen Wärmeentwicklung am Rand etwas erhöht sein. Die wichtigste Regel jedoch besagt, daß man während des Garvorgangs die Glut auf keinen Fall bewegen soll, auch nicht, um das Feuer wieder anzufachen. Denn jede Wärmeschwankung wirkt sich ungünstig auf das Fleisch aus. Selbst wenn es um das Feuer also nicht zum besten bestellt ist – lassen Sie es lieber in Ruhe, damit richten Sie weniger Schaden an, als wenn Sie hineinblasen oder mit dem Schürhaken herumstochern würden.

Fleischspieße

Seit einigen Jahren erfreuen sich Fleischspieße bei Gartenparties und Picknicks immer größerer Beliebtheit, nicht zuletzt wegen der vielfältigen Möglichkeiten bei der Zusammenstellung und wegen ihrer unkomplizierten Vorbereitung. Daher ein paar Worte zu den Spießen selbst.
Aus Metall bekommt man sie im Haushaltwarenladen in jeder beliebigen Größe und Form. Die orthodoxe Methode sieht die Verwendung von Holzspießen vor, was jedoch zu Problemen bezüglich des Aromas führen kann. Sie dürfen nicht aus zu stark riechendem Holz gefertigt sein, denn dann würden sie während des Garvorgangs ihre Duftstoffe unmittelbar auf das Fleisch übertragen. Am günstigsten ist es, Heidesträucher ausfindig zu machen und mit Geduld und einem scharfen Messer die Spieße daraus selbst zu schnitzen. Denn – so bestätigen Feinschmecker immer wieder – dieses Holz hat überhaupt keine Duftstoffe und wenigstens Respekt vor dem Geschmack der Speisen.
Es würde zu weit führen, näher auf die Zusammenstellung der Spieße einzugehen. Gesagt sei nur, daß der Phantasie dabei keine Grenzen gesetzt sind, was mit zu ihrem Erfolg beigetragen hat. Die Kombinationsmöglichkeiten sind schier endlos: Alle Fleischsorten oder Arten von Innereien, beispielsweise Leber, Niere oder Herz, sämtliche Fischarten, Weichtiere, Pilze, Gemüse, Käse lassen sich verwenden. Zwischen die einzelnen Happen kann man Blättchen von ausgesuchten frischen Kräutern oder auch Stückchen von Zitronenschale stecken, die dem ganzen ein unverwechselbares Aroma verleihen.

Weitere attraktive Gesichtspunkte sind die einfache Zubereitung – möglichst über dem Grill – und der unkomplizierte Verzehr: Unter freiem Himmel darf man bekanntlich einmal von Knigges traditionellen Tischsitten abweichen, und so gibt es nichts besseres als Fleischspießchen, um – ohne Teller oder Besteck – den einmaligen und unverfälschten Geschmack dieses schlichten und gesunden Gerichtes voll zu genießen.

Bratwurst vom Grill

Für sechs Personen

12 Bratwürstchen

Die Würstchen längs halbieren, die Haut jedoch nicht durchtrennen. Mit der Haut nach unten (damit sie sich nicht krümmen) auf den Rost legen und auf dem kräftig angeheizten Grill appetitlich bräunen. Wenden und den Garvorgang auf der anderen Seite vollenden. Die gesamte Grillzeit beträgt etwa 1/4 Stunde. Heiß servieren.

Fleischspieße »Allerlei«

Für sechs Personen

600 g Rinderfilet
400 g Bratwurst
12 Champignons
12 sehr kleine Tomaten
12 kleine Zwiebeln
1 Knoblauchzehe
Öl
Salz

Fleisch und Wurst in nicht zu kleine Stücke schneiden. Die Pilze und Tomaten waschen, die Zwiebeln häuten, die Knoblauchzehe feinhacken. Nun die Zutaten auf Metallspieße stecken: 2 Fleischstücke, 2 Wurstabschnitte, 2 Pilze, 2 Tomaten, 2 Zwiebeln usw., bis alles verbraucht ist. Reichlich ÖL mit dem Knoblauch und 1 Prise Salz verrühren. Die Fleischspieße damit bestreichen und auf dem Rost über der glühenden Holzkohle grillen. Dabei häufig wenden und immer wieder mit Öl beträufeln, bis das Fleisch gar und knusprig braun ist.

Filetsteak vom Grill

Für sechs Personen

Öl
Saft von 1 Zitrone
Pfeffer
6 Filetsteaks à 200 g
Salz

Aus einigen EL Öl, dem Zitronensaft und etwas Pfeffer eine Marinade bereiten. Die Fleischscheiben damit beträufeln und etwa 1 Stunde beizen. Den Grill gut vorheizen und die gründlich abgetropften Filetsteaks auf den Rost legen. Über kräftiger Glut garen, dabei nur einmal wenden. Sie müssen außen schön angebräunt, innen aber rosa bis leicht blutig sein. Erst nach Ende des Garvorgangs salzen und sofort servieren.
Diese schmackhafte und bekömmliche Zubereitungsart eignet sich ebenso für Schweinsfilet, Hühner- und Truthahnbrust.

Großer gemischter Fleischspieß

Für zwei Personen

100 g Hühnerbrust
100 g Truthahnbrust
100 g Fleischwurst
100 g geräucherter Bauchspeck
einige entsteinte Oliven
einige Salbeiblätter
Salz
Pfeffer

Fleisch, Wurst und Speck in kleinere Würfel schneiden. Die Stücke abwechselnd auf etwa 20 cm lange Spieße stecken, dabei ab und zu eine Olive oder ein Salbeiblatt einfügen.
Das Backblech mit Alufolie überziehen und den Ofen auf 200°C vorheizen. Die Spieße auf das Blech legen, salzen und pfeffern und (ohne Öl!) etwa 1/4 Stunde braten.
Ein schmackhaftes und leichtes Fleischgericht.

Schmorbraten in Rotwein

Für zwei Personen

Petersilie, Salbei, Rosmarin, Lorbeerblatt
Sellerie, Mohrrübe, Zwiebel, Knoblauchzehe
Olivenöl
etwas Butter
etwas Mehl
400 g mageres Rindfleisch (Kugel, Oberschale oder Schwanzstück)
Salz
Zimt
Gewürznelken
Wacholderbeeren
Pfeffer
1/2 l trockener Rotwein (Barolo oder Barbera)

Kräuter und Wurzelwerk, Zwiebeln und Knoblauch feinhacken. Einige EL Öl und etwas Butter in einem Schmortopf erhitzen. Das Fleisch in Mehl wenden. Zusammen mit dem Feingehackten in den Topf geben und anbräunen.

Salzen, sobald es ringsum angebraten ist. Mit Zimt, Gewürznelken, Wacholderbeeren und Pfeffer würzen. Den Wein angießen. Zugedeckt 3–4 Stunden schmoren. (Sie können das Fleisch auch im Ofen garen, allerdings muß auch das mit Deckel geschehen, da Wein immer sehr schnell verdampft.)

Die Garprobe machen, den Schmorfond durch ein Tuch filtern und, falls nötig, nachsalzen.

Das Fleisch erkalten lassen und in nicht zu dünne Scheiben schneiden. In eine ofenfeste Form legen und mit dem eingedickten Schmorfond übergießen.

Vor dem Servieren müssen Sie es nur einige Minuten im vorgeheizten Ofen oder auf der Platte bei milder Hitze erwärmen.

Einige nützliche Tips:

a) Barolo ist nicht billig. Sie können aber ebensogut Barbera verwenden, wenn Sie pro Liter Wein ein Gläschen Rum ergänzen.

b) Wenn Sie Kräuter und Wurzelwerk schon vor dem Schmoren in der Küchenmaschine sehr fein zerkleinern, müssen Sie den Fond hinterher nicht durchfiltern.

c) Sollte der Schmorfond zu dünnflüssig sein, binden Sie ihn mit einem Eigelb: kräftig rühren und dann den Fond ganz kurz bei milder Hitze erwärmen, bis das Eigelb stockt.
d) Den besten Geschmack erzielen Sie, wenn Sie das Fleisch nach dem Aufschneiden mindestens 2 Stunden im Schmorfond ziehen lassen.

Zubereitung im Schnellkochtopf:
Dabei gehen Sie nach obiger Anleitung vor, allerdings gießen Sie nach dem Anbräunen des Bratens nur die Hälfte des angegebenen Weins zu (im Schnellkochtopf kann nichts verdampfen, Sie brauchen also weniger Flüssigkeit).
Sobald Dampf aus dem Ventil austritt, setzen Sie den Schmorvorgang noch 3/4 Stunde fort. Für die restliche Zubereitung s. o.

Kaninchensalmi

Für zwei Personen

400 g Kaninchenfleisch, grob gewürfelt
Zwiebel, Sellerie, Mohrrübe
Basilikum, Rosmarin
4 Gewürznelken
1 Stückchen Stangenzimt
Pfefferkörner
1/2 l trockener Rotwein (Barolo oder Barbera)
Mehl
Öl
Salz

Die Fleischstücke in eine Schüssel legen. Zwiebel, Sellerie, Mohrrübe und Kräuter kleinschneiden und mit den anderen Gewürzen dazugeben. Alles mit dem Wein bedecken und über Nacht marinieren.
Vor der Zubereitung das Fleisch aus der Marinade nehmen und in Mehl wenden.
Ganz wenig Öl in ein ofenfestes Kochgeschirr geben und das Fleisch von allen Seiten kräftig anbraten, anschließend salzen. Das Wurzelwerk und die Kräuter aus der Marinade zufügen und anrösten. Nun die Marinade angießen und aufkochen. Das Gericht in den auf 250°C vorgeheizten Ofen schieben und 3/4 Stunde schmoren. Bei dieser bequemen Zubereitungsart gart das Fleisch gut, es trocknet nicht aus und Sie müssen sich überhaupt nicht darum kümmern.
Ein wunderbares und gleichzeitig sehr einfaches Gericht. Dazu paßt Kartoffelpüree, Polenta oder Gemüse. Den durchgeseihten Schmorfond können Sie noch als Risottogrundlage verwerten.

Zuletzt noch ein Geheimtip: Barolo ist ziemlich teuer. Sie können aber den gleichen Geschmack erzielen, indem Sie Barbera verwenden und pro Liter Wein 2 EL Rum ergänzen.
Dieses Rezept eignet sich ebenso für Hase, Fasan oder ein gutes Stück Rinderbraten (z. B. Hüfte, Oberschale oder Hochrippe).

Perlhuhn im Folienmantel

Für vier Personen

1 küchenfertiges Perlhuhn (1200 g)
50 g Butter
1 EL Origano
Salz
Pfeffer
2 Rosmarinzweige
1 Salbeizweig

Das Huhn sorgfältig waschen und abtrocknen.
30 g Butter mit der Hälfte des Origano und 1 Prise Salz gut verkneten. Das Perlhuhn innen reichlich salzen, mit der Buttermischung füllen und mit Küchenzwirn zunähen.
Außen ebenfalls mit Salz, Pfeffer und Origano einreiben. Einige Salbei- und Rosmarinblätter unter die Flügel und Schenkel schieben.
Ein Stück Alufolie großzügig mit Butter einfetten. Das Perlhuhn in die Mitte setzen und so in die Folie wickeln, daß sie hermetisch dicht ist. Dieses Paket in den auf 280°C vorgeheizten Ofen geben und das Perlhuhn 3/4 Stunde dünsten. Herausnehmen, auswickeln (aufpassen, daß der Saft nicht wegläuft) und in 4 Stücke zerlegen. Mit dem Saft aus der Folie beträufeln und servieren.
Als Beilage dazu passen beispielsweise Pommes frites, in Butter geschwenkter Spinat oder Artischocken.

Kalbfleisch aus Alba

Dieses Rezept ist auf S. 31 beschrieben.

Pizzaiola Hausmanns-Art

Die Anleitung für dieses delikate Rezept können Sie auf S. 32 nachlesen.

Spießchen auf römische Art

Wie Sie dieses Gericht zubereiten, ist auf S. 33 erklärt.

Steak aus dem Aostatal

(auf meine Art) Für zwei Personen

25 g Butter (ersatzweise Öl)
2 Steaks à 100 g (Filet oder Keule)
100 g Fontina in dünnen Scheiben
einige Kapern

Das Fett (vorzugsweise Butter) in einer Kasserolle leicht erhitzen. Das Fleisch beidseitig anbraten, anschließend salzen. Die Käsescheiben und Kapern zufügen und den Garvorgang zugedeckt 5 Minuten bei milder Hitze vollenden. (Je länger Fleischscheiben braten, desto zäher werden sie.)
Bei diesem Gericht genügen 100 g Fleisch, denn Sie nehmen ja zusätzlich Käse zu sich. Auf die gleiche Weise können Sie auch Hühner- und Truthahnbrust zubereiten.

Kaninchenfilet im Ofen gebraten

Die Anleitung für dieses Rezept finden Sie auf S. 18.

Hühnerbrüstchen in Sahnesauce

Für zwei Personen

Butter
einige Salbeiblättchen
2 Scheiben Hühnerbrüstchen
Salz
100 g Sahne

Butter in eine Pfanne geben und die Salbeiblätter anrösten. Das Fleisch hineinlegen, beidseitig anbräunen und salzen. Nun die Sahne dazugießen und das Fleisch im vorgeheizten Ofen bei 250°C etwa 1/4 Stunde fertig garen.

Hähnchenbrustfilet in Pilz-Sahne-Sauce

Für zwei Personen

200 g Hähnchenbrustfilet
40 g Butter
1 Salbeizweig
Salz
1 kleines Glas trockener Weißwein
200 g Sahne
100 g frische Steinpilze oder
15 g getrocknete Pilze

Das Fleisch in mundgerechte Stücke zerlegen.
Die Hälfte der Butter und ein paar Salbeiblätter in eine Kasserolle geben und das Fleisch darin anbraten. Salzen und mit dem Wein ablöschen. Sobald er verdampft ist, die Sahne angießen. Zugedeckt bei milder Hitze 20 Minuten schmoren.
Inzwischen die restliche Butter mit etwas Salbei in ein zweites Töpfchen geben. Die gesäuberten, gewaschenen und in feine Scheiben geschnittenen Pilze (getrocknete Pilze zuvor in warmem Wasser einweichen und gut ausdrücken) darin anbräunen und salzen.
Zum Fleisch geben und den Garvorgang zugedeckt noch 1/4 Stunde bei milder Hitze fortsetzen.
Zu diesem köstlichen und nahrhaften Gericht passen als Beilage Artischocken (in Butter gedünstet oder als Salat zubereitet), Pommes frites oder Kartoffelpüree. Mit Polenta wird daraus eine Hauptmahlzeit, die Sie mit einem reichhaltigen Obstsalat aus frischen Früchten zum Dessert abrunden.

Pikantes Hühnerragout

Für zwei Personen

1 küchenfertiges Huhn (400 g)
1 Stange Bleichsellerie
1 kleine Zwiebel
je 1 Prise Petersilie und Basilikum
je 1 Rosmarin- und Salbeizweig
1 Lorbeerblatt
4 EL Olivenöl
Salz
1 kleines Glas trockener Weißwein
200 g frische oder eingemachte Tomaten

Das Huhn waschen, abtrocknen und in mundgerechte Stücke zerlegen. (Lassen Sie das am besten gleich vom Metzger erledigen.)
Sellerie und Zwiebel grobhacken und zusammen mit den Kräutern und dem Öl in eine Kasserolle geben. Das Fleisch hineinlegen, die Platte anstellen und alles zusammen anbräunen. Salzen und mit dem Wein ablöschen. Sobald dieser verdampft ist, die kleingeschnittenen Tomaten zufügen.
Durchmischen und zugedeckt auf niedrigster Stufe mindestens 3/4 Stunde schmoren.
Ich persönlich ziehe es vor, das Huhn erst auf dem Herd anzubraten und anschließend im Ofen zu schmoren. So kann es weniger leicht anbrennen und gart besser. Dabei müssen Sie natürlich feuerfestes Kochgeschirr verwenden. Der Ofen wird auf 200°C vorgeheizt, der Garvorgang dauert mindestens 1 Stunde.
Diese Art der Zubereitung eignet sich ebenso für Kaninchen, Wachteln, Schweinebraten, Truthahnkeule.

Olivenhuhn

Für zwei Personen

1 küchenfertiges Huhn (400 g)
4 EL Öl
Salz
200 g schwarze Oliven
1 Glas Marsala secco

Das gewaschene und abgetrocknete Huhn in kleine Stücke teilen (so gart es besser und läßt sich auch leichter vorlegen und verzehren).
Das Öl in eine Kasserolle geben und das Hühnerfleisch ringsum kräftig anbräunen. Salzen, die Oliven zufügen und den Marsala angießen. Zugedeckt auf kleinster Stufe mindestens 3/4 Stunde langsam schmoren.

Wie schon bei dem vorherigen Rezept, so können Sie auch diesmal das Huhn, nachdem Sie Oliven und Marsala ergänzt haben, im Ofen fertig schmoren – es gelingt ausgezeichnet.
Mein Serviervorschlag für dieses und auch das vorherige Rezept: Ich bereite nach der Anleitung auf S. 53 eine Polenta zu und lasse sie in der Form erstarren. Vor dem Servieren schiebe ich sie etwa 1/4 Stunde in den auf 200°C vorgeheizten Ofen. Anschließend stürze ich sie auf eine große, runde Platte, gieße den Schmorfond in das Mittelloch und arrangiere das Hühnerfleisch um die Polenta. Und dann serviere ich dieses Wunderwerk!
Eine komplette Mahlzeit, die sich im voraus zubereiten läßt, so daß ich die Gesellschaft meiner Gäste entspannt genießen kann.

Hähnchen vom Spieß

Für vier Personen

1 küchenfertiges Brathähnchen (ca. 1 kg)
200 g fetter Speck
einige große Salbeiblätter
etwas Olivenöl Qualität »extra vergine«
Salz
Pfeffer

Als Spieß verwenden Sie bei diesem Gericht entweder den zum Herd gehörigen oder auch lange, etwas dickere Holzspieße.
Das Hähnchen sorgfältig waschen, abtrocknen und in mundgerechte Stücke zerlegen. Den Speck in Scheiben und diese in Stückchen schneiden.
Nun immer abwechselnd ein Stück Speck, ein Salbeiblatt und ein Stück Fleisch auf den Spieß stecken, bis die Zutaten verbraucht sind. (Wenn Sie Spieße aus Holz verwenden, dann benötigen Sie wahrscheinlich zwei.) Mit Küchenzwirn, den Sie mehrmals längs an den Spießen entlangspannen, die Fleischstücke gut fixieren.
Etwas Öl in eine (ofenfeste) Kasserolle geben und die Spieße ringsum kräftig anbraten. Salzen und pfeffern und mindestens 1 Stunde zugedeckt in den auf 200°C vorgeheizten Ofen schieben, bzw. mindestens 1 1/2 Stunden am Spieß grillen.
Sie können das Fleisch entweder am Spieß servieren oder auch herunterstreifen und auf einer Platte anrichten. Dazu passen Bratkartoffeln und Artischocken auf sardische Art.
Ein Gericht, das festliche Stimmung verbreitet.

Wachteln in Milch

Für zwei Personen

2 küchenfertige Wachteln
25 g Butter
1 Salbeizweig
Salz
etwas trockener Weißwein
1/2 l Milch

Die Wachteln waschen und abtrocknen.
Butter und Salbeiblätter in eine ofenfeste Kasserolle geben und die Wachteln kräftig darin anbraten. Salzen und mit einem Spritzer Wein ablöschen.
Sobald dieser verdampft ist, die Milch angießen und zum Kochen bringen. Die Kasserolle in den vorgeheizten Ofen schieben und den Garvorgang bei 250°C so lange fortsetzen, bis die Wachteln richtig gar sind und die Milch beinahe völlig verkocht ist.
Auf diese Weise zubereitet, wird das Fleisch herrlich zart und gut verdaulich, da die Milch die Säure neutralisiert.

Ragout auf meine Art

Für sechs Personen

Sellerie, Mohrrübe, Zwiebel
Küchenkräuter (Salbei, Rosmarin, Petersilie, Basilikum)
Öl und Butter
Salz
1 Glas trockener Weißwein
1/2 kg frische oder eingemachte Tomaten
200 g Rindfleisch
200 g Schweinefleisch
200 g Bratwurst
200 g Hühnerfleisch
7 Gewürznelken
etwas Stangenzimt
Lorbeerblätter

Gemüse und Kräuter feinhacken. In etwas Öl und Butter anbräunen und salzen. Die Hälfte des Weins angießen und verdampfen lassen. Die Tomaten dazugeben und alles auf kleinster Stufe köcheln lassen.
Inzwischen die einzelnen Fleischsorten separat in Stücke schneiden. Etwas Öl und Butter in eine große, ofenfeste Kasserolle geben. Das Rindfleisch in Mehl wenden, ringsum anbraten und in einer Ecke des Topfes zusammenschieben. Nun das eingemehlte Schweinefleisch anbraten und zum Rindfleisch schieben. Dann folgt das Hühnerfleisch und zuletzt (ohne Mehl) die Bratwurst.

(Sie sollten meine Anleitung auf jeden Fall beachten: Die angegebene Reihenfolge berücksichtigt die jeweils erforderlichen Garzeiten; durch das Zusammenschieben ersparen Sie sich unnötiges Abspülen mehrerer Töpfe.)

Das angebratene Fleisch salzen und mit dem restlichen Wein ablöschen. Mit den Gewürznelken, einem Stück Stangenzimt und einigen Lorbeerblättern würzen. Die vorbereitete Tomatensauce dazugießen und das Fleisch zugedeckt 45-60 Minuten bei milder Hitze schmoren. Besser noch ist es, wenn Sie die Kasserolle ohne Deckel bei mittlerer Hitze in den Ofen schieben (bei idealer Temperatureinstellung köchelt das Gericht wie auf der Herdplatte bei kleinster Stufe).

Ich verspreche Ihnen ein ausgezeichnetes und sehr nahrhaftes Mahl. Sie können es mit Polenta, Kartoffelpüree oder einer anderen Beilage Ihrer Wahl servieren.

Ein Variationsvorschlag: Ergänzen Sie nach der Hälfte der Garzeit 600 g rohe, gewürfelte Kartoffeln, so erhalten Sie eine komplette Hauptmahlzeit.

Das Gericht hält sich in der Gefriertruhe bis zu einem halben Jahr.

6

Fische und Meeresfrüchte

Seebarsch im Folienmantel – Scampi-Cocktail – Gebratener Fisch – Fritierte Fische und Meeresfrüchte – Makrele in Tomatensauce – Meeresfrüchte-Salat – Seezunge in Weißwein-Sahne-Sauce – Gefüllte Forelle

Seebarsch im Folienmantel

Für zwei Personen

Zwiebel
frisches Basilikum
frische Petersilie
1 Seebarsch (ca. 400 g), küchenfertig vorbereitet
Salz
1–2 Lorbeerblätter
einige Gewürznelken
1 Stückchen Stangenzimt
einige Pfefferkörner
etwas Olivenöl

Zwiebel häuten, Kräuter waschen und alles zusammen hacken. Den sorgfältig gesäuberten und gewaschenen Fisch innen salzen und mit dem Feingehackten füllen. Dazu die restlichen angegebenen Gewürze und etwas Öl hineingeben.
Ein Stück Alufolie auf der Arbeitsfläche ausbreiten und mit Öl einstreichen. Den Fisch auf beiden Seiten salzen, auf die Folie legen und einwickeln, dabei die Folienränder gut zusammendrücken.
20 Minuten im vorgeheizten Ofen bei 200°C garen.
Meiner Meinung nach ist diese Garmethode für Fisch die beste, denn das Fleisch wird sehr zart, der Geschmack kann sich in der Folie voll entfalten und gleichzeitig macht sich in der Küche nicht der typische Geruch breit. Ein richtiges Überraschungspaket!
Diese Art der Zubereitung eignet sich ebenso für Forelle und Meerbarbe sowie für Fischschnitten (z. B. Seehecht, Zahnbrassen). In dem Fall verteilt man die Füllung auf die Ober- und Unterseite der Scheiben und wickelt diese dann einzeln in Alufolie.

Scampi-Cocktail

Für zwei Personen

300 g Scampi
1 Kopfsalat

Für die Sauce:
1/2 Tasse Mayonnaise (Rezept S. 196)
1/2 Becher Sahne
1/2 EL Tomatenmark
1/2 EL Worcestersauce

Die Scampi in kochendem Salzwasser ca. 5 Minuten garen. Abtropfen lassen, abkühlen lassen und auslösen.
Den Salat waschen und trocknen. Die zarten Blätter auswählen und zwei Glasschalen damit auslegen.
Die Saucenzutaten miteinander verrühren und die Mischung nach Geschmack würzen. Die Sauce muß recht herzhaft sein, denn sie soll einen reizvollen Gegensatz zum feinen Scampigeschmack bilden.
Die Scampi mit der Sauce vermischen und anschließend in die Schalen füllen. Bis zum Servieren in den Kühlschrank stellen. Ein dekoratives Gericht, das Ihre außergewöhnlichen hausfraulichen Qualitäten beweist.
Sie können für dieses Rezept ebensogut konservierte Scampischwänze verwenden.
Auf dieselbe Art bereiten Sie auch Meeresfrüchte-Salat zu.

Gebratener Fisch

Fisch kann im Ofen wie auch auf dem Rost gebraten werden. In beiden Fällen wird der zuvor gesäuberte Fisch 1-2 Stunden vor der Zubereitung auf einen Teller gelegt, mit einigen Petersilienstengeln, zerstoßenen Pfefferkörnern und ein paar Lorbeerblättern gewürzt und mit Öl beträufelt. Es wird weder Zitronensaft noch Salz dazugegeben.
Ab einem gewissen Gewicht wird der Fisch grundsätzlich mehrmals schräg eingeschnitten, damit die Hitze beim Garen besser ins Innere dringen kann.
Zu gebratenem Fisch paßt gut eine einfache Sauce: Etwas Butter zerlassen, salzen und pfeffern und mit 1 großen EL gehackter Petersilie und etwas Zitronensaft abrunden.

Zum Braten eignen sich: Sardellen, Aal, Tintenfisch, Heuschreckenkrebse, Meeräsche, Zahnbrassen, Makrele, Kabeljau, Goldbrassen, Schwertfisch, Steinbutt, Sardinen, Seezunge, Thunfisch, Stör, Meerbarbe.

Fritierte Fische und Meeresfrüchte
Pro Person rechnet man etwa 100 g bzw. etwas mehr, wenn es sich um einen größeren Fisch handelt. Für die Zubereitung benötigen Sie Mehl, Salz und natürlich Öl.
Das richtige Fritieren von Fisch ist keine Wissenschaft für sich, man muß lediglich ein paar Grundregeln beachten:
a) den Fisch gut einmehlen und überschüssiges Mehl abschütteln;
b) in reichlich siedendem Öl (am besten Olivenöl) backen;
c) zum Abtropfen auf Küchenkrepp legen (nicht auf Zeitungspapier, denn Sie möchten ja bestimmt nicht die neuesten Nachrichten mitverspeisen!).
d) Wenn Sie sehnsuchtsvolle Erinnerungen an die Fischgerichte der Schwiegermutter vermeiden möchten, müssen Sie den Fisch erst unmittelbar vor dem Servieren zubereiten, sonst wird er zäh.
Ausgezeichnet schmecken z.B. auch ausgebackene Garnelen oder kleine Kraken.

Makrele in Tomatensauce

Für zwei Personen

1 Makrele (ca. 300 g)
Sellerie, Mohrrübe, Zwiebel
Basilikum, Petersilie
Lorbeerblätter
Öl
Salz
1/2 Glas trockener Weißwein
200 g frische oder eingemachte Eiertomaten

Den Fisch säubern und waschen. Wurzelwerk und Kräuter waschen und feinhacken.
Etwas Öl in eine Kasserolle geben und das Feingehackte darin anrösten. Die Makrele hineinlegen und anbraten.
Salzen, mit dem Wein ablöschen und, sobald er verdampft ist, die Tomaten in dünnen Scheiben dazugeben. Zugedeckt 10-15 Minuten schmoren, und schon ist dieses schmackhafte und auch preisgünstige Gericht fertig.
Dieses Rezept eignet sich ebenso für Aal oder Kabeljau.

Meeresfrüchte-Salat

Zwiebel, Mohrrübe, Sellerie
Basilikum
Gewürznelken, Stangenzimt
trockener Weißwein
Salz
100 g kleine Polypen
100 g Krebse
200 g Miesmuscheln
Olivenöl
Zitronensaft
Pfeffer
gehackte Petersilie

Gemüse, Kräuter und Gewürze mit etwas Wasser, einem Schuß Wein und ein wenig Salz aufsetzen.
Die Polypen säubern und zusammen mit den Krebsen waschen. Im vorbereiteten, leise sprudelnden Sud 5 Minuten kochen. Die Krebse aus den Schalen brechen, die Polypen in feine Ringe schneiden.
Die Miesmuscheln gründlich waschen und von eventuellen Sandrückständen befreien. Ohne Wasser in einen Topf geben und zugedeckt etwa 5 Minuten, bzw. bis sie sich im Wasserdampf geöffnet haben, erhitzen.
Die Meeresfrüchte in eine Glasschale füllen. Mit Öl und Zitronensaft anmachen und mit Pfeffer und Petersilie würzen.
Ein sehr gesunder, nahrhafter und wohlschmeckender Salat.

Seezunge in Weißwein-Sahne-Sauce

Für sechs Personen

6 küchenfertige Seezungen
50 g Butter
Salz
Pfeffer
100 g Schalotten
1/2 Glas trockener Weißwein
1 Kräutersträußchen (Petersilie, Thymian, Lorbeerblatt)
200 g Sahne

Die Fische waschen und abtrocknen. Eine ofenfeste Porzellanform reichlich mit Butter ausstreichen und die Fische hineinlegen. Salzen und pfeffern und die gehackten Schalotten zwischen den Fischen verteilen.
Die restliche, zerlassene Butter darüberträufeln und den Wein gleichmäßig über alles verteilen. Das Kräutersträußchen dazulegen und zuletzt die Sahne darübergießen.
Etwa 20 Minuten in den auf 250°C vorgeheizten Ofen schieben.

Gefüllte Forelle

Für zwei Personen

1 Forelle (ca. 300 g)
1 Glas trockener Weißwein
Sellerie, Mohrrübe
Basilikum, Petersilie
Salbei, Rosmarin, Lorbeerblatt
Gewürznelken und Stangenzimt
Salz
Pfeffer
200 g Russischer Salat (fertig gekauft)
50 g Mayonnaise und Petersiliensträußchen als Garnitur

Die Forelle säubern und sorgfältig waschen. 1 l Wasser mit dem Wein sowie dem angegebenen Gemüse, den Kräutern und Gewürzen in den Fischkocher geben.
Die Forelle hineinlegen und den Topf auf den Herd stellen. Sobald der Sud aufwallt, die Temperatur auf die kleinste Stufe zurückschalten. Den Fisch 5 Minuten garziehen, anschließend herausheben und abkühlen lassen.
Auf ein Holzbrett legen und mit einem scharfen Messer längs am Rücken aufschneiden. Behutsam öffnen und sorgfältig entgräten. Den Russischen Salat auf die untere Hälfte geben und die zweite Hälfte wieder darüberklappen. Die Forelle mit der Mayonnaise und Petersiliensträußchen garnieren und servieren.
Sie können dieses leichte und nahrhafte Gericht als kalte Mahlzeit, aber ebenso zur Vorspeise servieren. Auf dieselbe Art lassen sich auch Seehecht, Schleie oder andere zartfleischige Fische zubereiten.

7

Gemüse

Artischocken auf sardische Art – Zwiebelchen süß-sauer – Gemischter Salat – Artischocken-Salat – Gemüsetorte oder Gemüse-Soufflé – Ausgebackenes Gemüse oder Obst – Pommes frites – Kartoffel-Gratin auf Hedwigs Art – Gratiniertes Gemüse – Blumenkohl-Pudding – Spargel-Pastete – Gefüllte Zucchini nach Schwester Germana

Artischocken auf sardische Art

Für zwei Personen

4 Artischocken
25 g gehackte Petersilie
4 Knoblauchzehen
Salz
1 Prise Fenchelsamen
1 Glas Olivenöl
1 Glas Wasser

Die Artischocken putzen, d. h. trockene, harte Blätter entfernen, die oberen Blattspitzen stutzen und die Stiele kürzen. Anschließend halbieren und das »Heu« entfernen.
Die Hälften zusammen mit der gehackten Petersilie und den geschälten Knoblauchzehen in eine ofenfeste Kasserolle geben. Mit Salz und Fenchelsamen würzen, mit Öl und Wasser begießen. Die Kasserolle auf den Herd stellen und, sobald die Flüssigkeit aufkocht, in den Ofen schieben. Bei 200°C ohne Deckel 1/2 Stunde garen.
Diese sehr leckere Zubereitung paßt ausgezeichnet zu Perlhuhn, Braten und Fleischgerichten mit Käse.

Zwiebelchen süß-sauer

Für zwei Personen

400 g Zwiebelchen
1 EL Mehl
Öl
Salz
1 TL Zucker
1/2 Glas Essig

Die gehäuteten und gewaschenen Zwiebelchen im Mehl wenden, überschüssiges Mehl abschütteln. Etwas Öl in einem Topf erhitzen, die Zwiebeln darin anbräunen und salzen.

Zucker und Essig zufügen und das Gemüse zugedeckt 15 Minuten bei milder Hitze garen. Falls erforderlich, etwas kaltes Wasser nachgießen.
Eine kleine Erklärung: Das Mehl verbindet sich bei dieser Zubereitung mit Essig zu einer leichten Sauce, die die Zwiebeln herzhaft abrundet.

Gemischter Salat (oder Vitamin-Kongreß)

frisches Gemüse (z. B. Mohrrüben, Sellerie, Fenchel, Radieschen, Tomaten, Paprikaschoten, Radicchio, Zwiebeln, Artischocken)
frischer Blattsalat
Salz und Pfeffer
Öl und Essig (oder Zitronensaft)
1 hartgekochtes Ei

Stellen Sie die Gemüse- und Salatsorten nach Ihrem persönlichen Geschmack zusammen.
Die Zutaten putzen bzw. schälen und waschen. Anschließend zerkleinern: Mohrrüben, Fenchel, Radieschen raspeln; Tomaten in Scheiben schneiden; Paprikaschoten in Ringe schneiden; Salat zerpflücken usw.
Alle Zutaten in einer Schüssel mischen. (Sie können sie aber auch nebeneinander auf einer Platte anordnen.) Mit Salz, Pfeffer, Öl und Essig anmachen. Das Ei darüberhobeln und erneut durchmischen.
Vergessen Sie nie: Ein Weiser für das Salz, ein Geizhals für den Essig, ein Reicher für das Öl, ein Verrückter zum Mischen – die vier zusammen machen einen guten Salat.

Artischocken-Salat

Für zwei Personen

2 zarte Artischocken
Salz
Saft von 1 Zitrone
Olivenöl
20 g Parmesan (ca.)

Die Artischocken von den harten Außenblättern und den Stielen befreien. Längs vierteln, die Blattspitzen stutzen und das »Heu« entfernen.

Die Stücke in sehr dünne Scheiben schneiden, in eine Glasschüssel geben und salzen. Mit dem Zitronensaft und etwas Öl anmachen. Den Parmesan darüberhobeln und durchmischen.
Delikat!

Gemüsetorte (oder auch Gemüsesoufflé)

Für zwei Personen

200 g Gemüse (z. B. Spinat)
1 Suppentasse Béchamelsauce (Rezept S. 194)
Salz
2 Eier
etwas geriebene Muskatnuß
25 g geriebener Parmesan
2 EL Semmelbrösel
Butter für die Form

Den verlesenen und gewaschenen Spinat kochen, ausdrücken und durchpassieren.
Die Béchamelsauce zubereiten und vom Herd ziehen. 2 Prisen Salz und 1 Ei zugeben und sofort energisch rühren, damit das Ei nicht stockt.
Sobald das erste Ei von der Sauce aufgenommen ist, das zweite ergänzen und wieder kräftig rühren. Die Sauce mit Muskat würzen und den Parmesan unterziehen. Zuletzt den Spinat und die Semmelbrösel ergänzen und alles gut durchmischen.
Eine ofenfeste Form ausbuttern (am besten verwenden Sie eine Springform, die Sie vor dem Servieren nur öffnen müssen, um die Torte herauszunehmen). Die Mischung hineinfüllen und die Torte im vorgeheizten Ofen bei 200°C 30-40 Minuten backen.

Ein paar Erläuterungen:

a) Die Semmelbrösel verhindern, daß die Torte zusammenfällt, nachdem sie aus dem Ofen genommen wurde.
b) Füllen Sie die Form nie bis zum Rand, denn die Masse geht beim Bakken noch auf und kann dann leicht überlaufen.
c) Wenn Sie nur die Eigelbe in die Béchamelsauce einrühren und die Eiweiße als Schnee unter die Masse ziehen, dann erhalten Sie eines dieser

köstlichen, aber zugleich sehr empfindlichen Soufflés. Sie sind bekannt dafür, daß sie nur allzu leicht zusammenfallen. Diese Gefahr können Sie aber bannen, und zwar erstens durch Zugabe von Semmelbröseln und zweitens durch einen kleinen Trick: Lassen Sie das Soufflé, nachdem Sie den Herd abgeschaltet haben, noch 5-10 Minuten im heißen Ofen stehen.

Dieses Rezept eignet sich ebenso für andere Gemüsesorten, z. B. für Artischocken, Blumenkohl, Mohrrüben, Zucchini, Zwiebeln. Begehen Sie dabei aber auf keinen Fall den Fehler, Artischocken, Zucchini oder ähnliches Gemüse zu pürieren. Es wird in dünne Scheiben geschnitten, in Butter geschwenkt, mit Salz abgeschmeckt und dann zur Béchamelsauce (Zubereitung wie oben) gegeben.
Sie können auch mit zwei oder drei verschiedenen Gemüsesorten eine bunte Torte zubereiten. Ein Beispiel: Die Béchamelsauce nach Anleitung zubereiten und in drei Portionen teilen. Die erste mit in Butter gedünsteten Mohrrüben mischen, die zweite mit in Butter geschwenkten Zucchini, die dritte mit gekochtem und passiertem Spinat. Nun werden die drei Mischungen nebeneinander in die Form gefüllt.
Besonders lecker ist die Käse-Variante dieses Gerichts: 200 g gemischten Käse (z. B. Fontina, Berna und Stracchino) unter die Béchamelsauce ziehen und die Torte wie beschrieben backen.

Ausgebackenes Gemüse oder Obst

Für zwanzig ausgebackene Stückchen

125 g Mehl	*1 TL Trockenhefe*
3 Eier	*1 Gläschen Grappa*
Salz	*Milch nach Bedarf*

Sämtliche Zutaten außer der Milch miteinander vermengen und soviel Milch ergänzen, daß sich ein ziemlich flüssiger, cremiger Teig ergibt. Diesen mindestens 2 Stunden ruhen lassen.
Inzwischen können Sie in aller Ruhe überlegen, welche Gemüse- oder Obstsorten Sie verwenden möchten. Sie haben z. B. die Wahl zwischen: Auberginen, Zucchini, Blumenkohl (gekocht), Sellerie (die weißen Abschnitte), Pilzen, Tomaten, Zitronen, Apfelsinen, Äpfeln, Bananen, Sauerkirschen.

Alles, was Sie zu tun haben, ist: das »Opfer« in feine Scheiben zu schneiden, durch den Teig zu ziehen und in siedendem Öl schwimmend auszubacken.

Pommes frites

Für sechs Personen

1,2 kg Kartoffeln
Öl (möglichst Olivenöl)
Salz
etwas Butter (nach Belieben)
einige Salbeiblätter (nach Belieben)

Die geschälten, gewaschenen und trockengetupften Kartoffeln in Stäbchen schneiden.
In einer Pfanne (möglichst aus Eisen) reichlich Öl zum Sieden bringen und die Kartoffeln portionsweise goldgelb braten, ohne sie dabei zu »stören«.
Herausnehmen, sobald sie an die Oberfläche steigen. Zum Abtropfen auf Küchenkrepp legen, salzen und servieren.
Eine besondere Variante: Wenn alle Kartoffeln verarbeitet sind, etwas Butter in eine ofenfeste Pfanne geben, die Salbeiblätter anrösten, die Pommes frites zufügen und einige Minuten in den vorgeheizten Ofen schieben. Das Resultat: sehr würzige Pommes frites, die beinahe auf der Zunge zergehen.

Kartoffel-Gratin auf Hedwigs Art

Für zwei Personen

300 g gekochte Kartoffeln
Milch nach Bedarf
2 Eier
etwas geriebene Muskatnuß
2 EL geriebener Parmesan
25 g Butter
2 große, dünne Scheiben Mortadella oder gekochter Schinken
100 g Mozzarella-, Fontina- oder Schmelzkäse-Scheiben

Wenn Sie Kartoffelreste haben, ist dies eine gute Möglichkeit, sie zu verwerten.
Die Kartoffeln zerstampfen, in einer Kasserolle auf kleinster Stufe erwärmen und mit Milch zu einem cremigen Püree verrühren. Die Eier gründ-

lich mit dem Holzlöffel unterziehen und die Masse mit Muskat und Parmesan würzen.
Eine ofenfeste Form ausbuttern und den Boden mit der Hälfte des Pürees ausstreichen. Nun zuerst die Wurst- bzw. Schinkenscheiben, dann die Käsescheiben darauflegen. Das restliche Püree darüber verteilen und glattstreichen.
Die Form in den auf 250°C vorgeheizten Ofen schieben, bis das Gericht goldgelb überkrustet ist (ca. 15-20 Minuten).
Eine Hauptmahlzeit für den Abend, die Sie bereits am Vortag vorbereiten und bis zum Servieren zugedeckt in den Kühlschrank stellen können.

Gratiniertes Gemüse

Für zwei Personen

150 g Gemüse nach Wahl
etwas Butter
etwas geriebener Parmesan
1 Tasse Béchamelsauce (Rezept S. 194)

Das Gemüse (z. B. Artischocken, Mohrrüben, Sellerie oder Blumenkohl) in sprudelndem Salzwasser weich kochen.
Abgießen und in eine ofenfeste Form füllen. Mit einigen Butterflöckchen belegen und mit etwas geriebenem Parmesan bestreuen.
Nun die Béchamelsauce zubereiten und über das Gemüse verteilen. Das Gericht im Ofen bei 250°C goldbraun überkrusten.

Blumenkohl-Pudding

Für vier Personen

300 g Blumenkohl
Salz
30 g Butter
30 g Mehl
1 Glas Milch
etwas geriebene Muskatnuß
2 Eier
20 g geriebener Parmesan
Semmelbrösel

Den Blumenkohl in kochendem Salzwasser garen, abtropfen lassen und mit einer Gabel zerdrücken. Das Püree in einen Topf geben und mit der Butter verfeinern. Das Mehl sowie nach und nach die Milch unterrühren.

Bei kleiner Hitze 1/4 Stunde unter ständigem Rühren kochen. Den Herd abschalten und, sobald die Mischung beinahe erkaltet ist, etwas Muskat, die Eier und den Parmesan unterziehen. 5 Minuten kräftig rühren.
Die Masse in eine ausgebutterte und mit Semmelbröseln ausgestreute Form füllen und gut 1 Stunde im Wasserbad garen.

Spargel-Pastete

Für sechs Personen

(Ein so aufwendiges Gericht lohnt sich nur für mehrere Personen):

1 Blätterteigpastete (ca. 28 cm Durchmesser, ca. 5 cm Randhöhe)
300 g Spargelspitzen
300 g Fontina
1 Glas Milch
3 Eigelb
50 g Butter
100 g geriebener Parmesan
200 g roher oder gekochter Schinken in dünnen Scheiben

Wahrscheinlich bekommen Sie die Pastete nicht so ohne weiteres, sondern müssen sie bei Ihrem Bäcker am Vortag bestellen.
Den Spargel in sprudelndem Salzwasser kochen. Herausnehmen, das Wasser jedoch nicht weggießen, denn Sie brauchen jetzt etwas davon für die Fonduta:
Während der Spargel kocht, den Fontina in feine Scheiben schneiden und in einen Kupfer- oder Edelstahltopf mit schwerem Boden geben. Mit dem heißen Spargelwasser übergießen und 2 Minuten ziehen lassen. Das Wasser abgießen und den Käse mit der Milch bedecken. Den Topf auf den Herd stellen und den Käse unter kontinuierlichem Rühren mit dem Holzlöffel auf kleinster Stufe erhitzen, bis er zerläuft. Nun den Topf vom Herd nehmen und nacheinander die Eigelbe unterziehen; dabei ständig rühren, bis eine glatte Mischung entsteht. Den Topf wieder auf die Platte stellen und die Fonduta bei minimaler Hitze unter Rühren eindicken lassen. (Dabei darf die Käsesauce auf keinen Fall kochen!) Anschließend die Platte abschalten.
Das Ofenblech mit Alufolie auslegen und die Pastete in die Mitte setzen. Eine Schöpfkelle Fonduta hineinfüllen und glattstreichen. Eine Lage der

in zerlassener Butter geschwenkten und im Parmesan gewälzten Spargelspitzen darauf verteilen. Alles mit einer Schicht Schinken bedecken (roher Schinken schmeckt besser, ist aber teurer als gekochter Schinken und läßt sich schlechter schneiden!). Nun folgt wieder Fonduta, dann eine Lage Spargel, noch eine Schicht Schinken und zuletzt Fonduta.
Die Pastete im vorgeheizten Ofen bei 250°C 15-20 Minuten backen und heiß servieren.
Mein Menüvorschlag für dieses elegante Gericht: Kalbfleisch aus Alba zur Vorspeise, ein Obstsalat aus frischen Früchten zum Dessert.
Sie können die Pastete auch schon am Vortag zubereiten, erkalten lassen und bis zum Servieren im Kühlschrank aufbewahren.

Eine Anmerkung: Anstelle von Spargel können Sie ebensogut in Butter gedünstete Champignons oder Artischockenscheibchen für dieses Gericht verwenden. Die Zubereitung bleibt dabei die gleiche.

Gefüllte Zucchini nach Schwester Germana

Für zwei Personen

4 mittelgroße Zucchini

Für die Füllung:

2 Stengel Basilikum
50 g Petersilie
Salz
100 g Hackfleisch
100 g Bratwurst
2 Eier
etwas geriebene Muskatnuß
2 EL geriebener Parmesan
50 g Weißbrotmolle (Inneres des Brotes) in Milch eingeweicht
50 g Semmelbrösel

Zucchini waschen und von den Enden befreien. Basilikum- und Petersilienblätter abbrausen und feinhacken.
Wasser unter Zugabe von Salz in einer Kasserolle zum Kochen bringen. Die Zucchini etwa 10 Minuten im sprudelnden Wasser garen.
Inzwischen das Hackfleisch, die gehäutete Bratwurst, die Eier, Muskat, Parmesan, etwas Salz, die gehackten Kräuter und 2 EL der Molle in eine Schüssel geben und alles miteinander vermengen.
Die gekochten Zucchini längs halbieren und mit einem Löffel aushöhlen.

Das entnommene Fruchtfleisch, sofern es zart ist und keine dicken Samenkörner enthält, unter die vorbereitete Füllung in der Schüssel mischen.
Diese Mischung nun in die Zucchinihälften verteilen. Die gefüllten Zucchini mit den Semmelbröseln panieren (so werden sie knuspriger).
Das Ofenblech mit Alufolie auslegen und die Zucchinihälften daraufsetzen. Im vorgeheizten Ofen (250°C) goldbraun backen.
Dieses exquisite Gericht können Sie auch mit Paprikaschoten, Tomaten, Auberginen, Zwiebeln und Kartoffeln zubereiten. Dabei werden Paprikaschoten, Tomaten und Auberginen roh gefüllt, wodurch sich die Garzeit etwas verlängert. Dafür schmecken sie aber auch hervorragend!

8

Saucen

Fonduta – Aurorasauce – Béchamelsauce – Olivensauce – Nuß-Käse-Sauce – Sardellenbutter – Mayonnaise – Einfache Tartarensauce – Salsa Verde nach Piemonteser Art – Schnelle Thunfischsauce – Pesto auf Genueser Art – Fleischsauce »Sprint« – Tomatensauce

Fonduta

Die Zubereitung dieser Piemonteser Käsesauce können Sie auf S. 53 nachlesen.
Grundsätzlich rechnet man dabei pro Person 100 g Fontina und 1 Eigelb. Außerdem braucht man soviel Milch, daß der Käse soeben bedeckt ist.

Und hier noch ein Tip: Sollte Ihnen die Fonduta einmal nicht gelingen, dann nehmen Sie sie vom Herd, ergänzen Sie 1 TL Kartoffelstärke und 1 weiteres Eigelb. Stellen Sie den Topf wieder auf die Platte und rühren Sie so lange, bis die Fonduta eindickt.
Man serviert sie entweder so, mit einer darübergehobelten Trüffel oder auch zu Gnocchi di patate, gekochten Kartoffeln oder Reis.

Aurorasauce

Für zwei Personen

1 Tasse Mayonnaise (Rezept S. 196)
2 EL Tomatenmark
1 TL Cognac

Sie verrühren die Zutaten gut miteinander – und schon haben Sie eine lekkere Sauce, die ausgezeichnet zu gekochtem Fleisch, besonders aber zu gekochtem Fisch, Scampi-Cocktail und Wurstsalat paßt.

Béchamelsauce

Hier unser sicheres und schnelles Patentrezept.
Ergibt 1 Suppentasse Sauce:

50 g Butter
50 g Mehl
1/2 l Milch
Salz

Die Butter in einem kleinen Kupfer- oder Edelstahltopf zerlassen. Das Mehl auf einmal hineingeben und gut rühren, damit sich keine Klümpchen bilden.
Nun nach und nach die lauwarme oder heiße Milch dazugießen. Durchrühren, salzen und die Sauce mindestens 10 Minuten kochen.
Ein Hinweis: Für Lasagne und gratiniertes Gemüse benötigen Sie eine dünnflüssige Sauce, für Gemüsetorten und dergleichen sollte sie eher dickflüssig sein.

Olivensauce

Für zwei Personen

100 g Robiola oder Mascarpone
2 EL Olivenpaste

Den Käse in einer Schale mit dem Holzlöffel cremig rühren und die Olivenpaste unterziehen. Fertig.
Diese nahrhafte und bekömmliche Mischung eignet sich vorzüglich als Brotaufstrich oder auch zum Füllen von Tomaten.
Ein wertvoller Tip: Sie können Olivenpaste auch selbst herstellen. Dazu benötigen Sie 100 g grüne oder schwarze Oliven und 50 g Butter. Die entsteinten Oliven mit der Butter in den Mixer geben und pürieren.
Schnell gemacht, preiswert und vor allem ohne Konservierungsmittel.

Nuß-Käse-Sauce

Für zwei Personen

100 g Walnüsse (mit Schale)
1 kleine Packung Frischkäse (auch Mascarpone)

Die Nüsse von den Schalen befreien und hacken bzw. mahlen. Den Frischkäse in einer Schüssel glattrühren und die Nüsse unterziehen. Das ist schon alles!
Ausgezeichnet als Aufstrich, besonders auf Vollkornbrot.
Sie können die Masse auch zu Bällchen formen. In dem Fall heben Sie einen Teil der gemahlenen Nüsse auf und wälzen die Kugeln darin. Eine leckere Vorspeise oder auch kalte Mahlzeit.
(Mit Mascarpone zubereitet wird die Mischung etwas gehaltvoller und schwerer, schmeckt aber ebenso gut.)

Sardellenbutter

Für zwei Personen

50 g Butter
2 EL Sardellenpaste

Die Butter in Stückchen schneiden und in einer Schüssel mit dem Holzlöffel bearbeiten, bis sie cremig ist. Anschließend die Sardellenpaste gründlich unterziehen.
Bestreichen Sie Vollkornbrot mit Sardellenbutter, und schon haben Sie eine leckere kalte Mahlzeit oder kleine Häppchen zum Aperitiv.
Ich persönlich bestreiche damit gerne Brotscheiben, die ich dann mit einer Scheibe Räucherlachs, Südtiroler Speck oder (in Notlagen) mit Mortadella belege.
Wenn ich etwas Raffiniertes zubereiten möchte, fülle ich die Sardellenbutter in den Dressiersack und spritze sie in kleine Vol-au-vents. Oder ich dekoriere eine Vorspeisenplatte damit, allerdings muß die Butter dafür schön kalt sein.

Mayonnaise

Für zwei Personen

1 Eigelb
Salz
Pfeffer
1 dl Olivenöl
Zitronensaft nach Bedarf

Die Zubereitung von Mayonnaise ist nicht schwierig, wenn Sie die folgenden kleinen Geheimnisse kennen und beachten:

1. Sämtliche Zutaten müssen zimmerwarm sein, sonst kann es leicht passieren, daß die Mayonnaise nicht bindet.
2. Verwenden Sie ein enges Gefäß und wärmen Sie es vorher an.
3. Rühren Sie kontinuierlich und gleichmäßig und wechseln Sie dabei nie die Richtung. Tatsächlich sind es immer die ungeduldigen Personen, denen die Mayonnaise nicht gelingen will.

Eigelb, Salz und Pfeffer in das Gefäß geben und einige Sekunden rühren. Nun das Öl erst tröpfchenweise, dann in feinem Faden zugeben und dabei ständig weiterrühren. Zuletzt nach und nach den Zitronensaft zufügen (die Menge hängt davon ab, ob die Mayonnaise eher flüssig oder etwas dicker werden soll).
Falls die Mayonnaise zusammenfällt, gießen Sie sie langsam in ein vorgewärmtes und mit Wasser ausgespültes Gefäß um. Manchmal genügt es schon, sie einige Minuten in den Kühlschrank zu stellen und dann erneut durchzurühren.
Mayonnaise wird als Salatdressing verwendet, aber ebenso als Beigabe zu gekochtem Fleisch, zum Füllen von Tomaten, zum Garnieren usw.

Zubereitung im Mixer: Eigelb, Salz, Pfeffer, Zitronensaft und etwas Öl hineingeben und einige Sekunden mixen. Dann nach und nach das restliche Öl untermischen – und schon ist alles erledigt.
Diese Mayonnaise ist auch gut, doch fehlt ihr das »gewisse Etwas«, und gegen die Mayonnaise der Schwiegermutter kommt sie bestimmt nicht an!

Einfache Tartarensauce

Für zwei Personen

1 Tasse Mayonnaise
1 EL Kapern in Essig
30 g Essiggürkchen
1/2 EL gehackte Petersilie
1 hartgekochtes Ei
3 EL Öl

Die Mayonnaise zubereiten (s. vorheriges Rezept). Kapern und Gürkchen hacken, das Ei schälen und feinwürfeln.
Petersilie, Gürkchen und Kapern unter die Mayonnaise ziehen. Behutsam die Eiwürfelchen untermischen und zuletzt vorsichtig das Öl unterrühren.
Man reicht diese samtige Sauce zu gebratenem oder gegrilltem Fisch, hartgekochten Eiern, kaltem Fleisch oder Mett.

Salsa Verde nach Piemonteser Art

Für zwei Personen

1 Handvoll Petersilienblätter
1 Knoblauchzehe
2 Sardellenfilets oder 2 TL Sardellenpaste
1 Scheibe Kastenbrot
guter Weinessig
4 EL Olivenöl

Petersilie waschen, Knoblauch schälen, Sardellen entgräten. Das Brot in Essig einweichen.
Petersilie, Knoblauch, Sardellen und das ausgedrückte Brot mit dem Wiegemesser zusammen feinhacken. Alles in eine Schüssel füllen und mit 2 EL Essig und dem Öl vermischen. Fertig.
Diese Sauce paßt gut zu gekochtem Kalbfleisch, gekochter Zunge, gekochten weißen oder grünen Bohnen oder auch zu Kartoffeln. Weiterhin eignet sie sich als Füllung für Tomaten oder Eihälften und als Aufstrich für Schnittchen.
Im Mixer läßt sie sich in ein paar Sekunden zubereiten. Wenn Sie aber eine wirkliche »Salsa Verde« nach Schwiegermutter-Art haben möchten, dann müssen Sie schon alles mit dem Wiegemesser hacken. Denn man schmeckt es schon, daß die Zutaten nicht mit dem gefühllosen Hackmesser und der Wärme des Motors in Berührung kamen.

Nach Belieben können Sie zusätzlich ein paar Kapern, ein hartgekochtes Eigelb, etwas Paprika- und Pfefferschote, Essiggürkchen und Tomatenstückchen in die Sauce einarbeiten. Doch die klassische Version ist die oben beschriebene.

Schnelle Thunfischsauce

Ergibt 1 Tasse

2 Sardellen in Salz oder 2 TL Sardellenpaste
1 Tasse Mayonnaise (Rezept S. 196)
25 g Thunfisch in Öl
1 EL Kapern
2 EL Weinessig

Die entgräteten und gewässerten Sardellen mit den anderen Zutaten im Mixer zu einer glatten Sauce verrühren.
(Wenn Sie keinen Mixer besitzen, streichen Sie die Zutaten durch ein Sieb und verrühren Sie sie dann mit der Mayonnaise.)
Besonders gut paßt diese Sauce zu Siedefleisch, Fondue Bourguignonne, hartgekochten Eiern, gekochten Kartoffeln oder Bohnen, doch auch als Brotaufstrich ist sie sehr lecker.

Pesto auf Genueser Art

Rezept S. 152

Fleischsauce »Sprint«

Rezept S. 154

Tomatensauce

Rezept S. 155

9

Süßspeisen und Gebäck

Sizilianische Schillerlocken – Erfrischendes Ananas-Dessert – Nonnenfürzchen – Klassische Konditorcreme – Feine Konditorcreme – Mandelcreme – Süße Crêpes – Frühlingsbecher – Prinzenschnitten – Apfelkrapfen – Schwarz-weißes Teegebäck – Buntes Konfekt – Biskuitrolle – Obsttorte – Cremetorte mit Früchten – Gedeckter Apfelkuchen – Strudel – Nußmakronen

Sizilianische Schillerlocken

Ergibt 25 Stück

Für den Teig:
150 g Mehl
1 EL Schmalz
1 Prise Salz
1/2 TL Zucker
etwas Rot- oder Weißwein oder Marsala
Öl zum Ausbacken

Für die Creme:
500 g Ricotta
250 g Puderzucker
Orangenblütenwasser
Schokoladenraspeln, kandierte Früchte oder Pistazien
Vanillinzucker zum Bestreuen

Für die Herstellung dieses gefüllten Gebäcks benötigen Sie Blechröhrchen mit einem Durchmesser von etwa 2 cm und einer Länge von etwa 20 cm, ähnlich den Hülsen, die man für die Herstellung von Blätterteigröllchen (Cannelons) verwendet.
Herstellung der Teigröllchen: Das Mehl auf die Arbeitsfläche häufen. Schmalz, Salz und Zucker dazugeben und alles mit etwas Wein oder Marsala zu einem ziemlich festen Teig verkneten. Diesen zu einer Kugel formen und, mit einem Tuch bedeckt, etwa 1 Stunde ruhen lassen.
Anschließend 2-3 mm dick ausrollen und zwölf Quadrate von 10 cm Seitenlänge ausschneiden. Diagonal auf jedes Stück ein Blechröhrchen legen und den Teig darumwickeln, dabei die Ecken gut zusammendrücken. Die Teigröllchen in reichlich Öl braun und knusprig backen. Am besten

verarbeiten Sie immer nur zwei auf einmal, damit sie nicht beschädigt werden. Herausnehmen, etwas abkühlen lassen und vorsichtig von den Blechhülsen streifen, die Sie nun wieder zum Formen der nächsten Teigröllchen verwenden können.
Die Gebäckstücke völlig auskühlen lassen und inzwischen die Creme zubereiten: Den Ricotta in einer Schüssel grob mit dem Puderzucker vermengen. Die Mischung eßlöffelweise durch ein Sieb streichen und die zarte Creme mit etwas Orangenblütenwasser parfümieren.
Nach Belieben Schokoladenraspeln, Stückchen von kandierten Früchten, kandierte Orangenschale oder auch Pistaziensplitter unter die Creme ziehen.
Die Creme mit Hilfe eines Löffels oder des Spritzbeutels in die Teigröllchen füllen und an den Öffnungen mit einem Messer glattstreichen. Zur Dekoration an den Enden jeweils ein Stückchen Kandiertes in die Füllung drücken. Die Gebäckstücke auf einem hübschen Teller anordnen und großzügig mit Vanillinzucker bestreuen.

Erfrischendes Ananas-Dessert

Für vier Personen

1 Ananas (ca. 1 kg)
2 EL Zucker
1 Gläschen Cognac

Die Ananas quer in 1 cm dicke Scheiben schneiden. Sorgfältig die Schale ablösen und den inneren holzigen Teil entfernen.
Die Scheiben in einen tiefen Teller legen, mit Zucker bestreuen und mit dem Cognac beträufeln. Vor dem Servieren 4-5 Stunden ziehen lassen.
Gerne reicht man dieses Dessert nach einem üppigen Essen. Die Ananas ist gesund, Zucker und Cognac liefern Energie und regen die Verdauung an.

Nonnenfürzchen

Für sechs Personen

(Süßes genießt man gerne in Gesellschaft!)

240 g Mehl
20 g Butter
2 Eier
50 g Zucker
1 Prise Salz
1/2 Glas Rum o. ä.
250 g Öl zum Ausbacken
Puderzucker zum Bestäuben

Das Mehl auf die Arbeitsfläche häufen und in der Mitte eine Mulde formen. Zerlassene Butter, Eier, Zucker, Salz und Rum hineingeben und alles gründlich zu einem glatten, festen Teig verarbeiten.
Diesen zu einer Kugel formen, in ein Tuch einschlagen und 1/2 Stunde in den Kühlschrank legen. Sollte der Teig zu weich sein, ergänzen Sie noch etwas Mehl.
Den Teig dünn ausrollen und mit dem Teigrädchen kleine Rechtecke, Quadrate, Rhomben und andere phantasievolle Formen ausschneiden.
Das Öl erhitzen (es muß richtig heiß sein, damit das Gebäck schön locker wird und sich nicht vollsaugt) und die Stückchen darin ausbacken. Herausnehmen, sobald sie auf beiden Seiten goldbraun sind, und mit Puderzucker bestäuben. Dies geschieht am besten, solange sie noch heiß sind, damit der Zucker gut haftenbleibt.
Durch die Zugabe von Rum gehen die Nonnenfürzchen – ein typisches Karnevalsgebäck – schön auf.

Klassische Konditorcreme

Für zwei Personen

2 Eigelb
4 EL Zucker
4 Eierschalenhälften
Milch
abgeriebene Zitronenschale

Die Eigelbe mit dem Zucker in einen Kupfertopf geben und energisch mit dem Holzlöffel verrühren; dabei stets dieselbe Richtung beibehalten, sonst gelingt die Creme nicht.
Während Sie rühren, die Milch mit etwas abgeriebener Zitronenschale aufkochen und, sobald sie aufwallt, zu den Eigelben gießen. Kräftig wei-

terrühren, damit die Eigelbe nicht stocken, wenn sie mit der heißen Milch in Berührung kommen.

Den Topf auf die minimal erhitzte Platte stellen und die Creme unter Rühren eindicken lassen. Aber Achtung: Sie darf auf keinen Fall kochen, sonst flockt sie.

Diese Creme ist das Ausgangsprodukt für eine Vielzahl von Zubereitungen: So erhält man durch Zugabe von starkem Kaffee eine Mokkacreme, durch Aromatisieren mit Zitronensaft und -schale Zitronencreme usw. Man richtet sie beispielsweise mit einer Scheibe Ananas und Schlagsahne in Glasschalen an, verwendet sie aber ebenso als Füllung für Torten, Beignets u. ä.

Feine Konditorcreme

Für acht Personen

5 Eigelb
150 g Zucker
50 g Mehl
1/2 l Milch
abgeriebene Zitronenschale

Die Eigelbe gründlich mit dem Zucker verrühren, dann das Mehl dazugeben. Inzwischen die Milch unter Zugabe von abgeriebener Zitronenschale aufkochen. Die verquirlten Eigelbe in die sprudelnde Milch einrühren und die Creme 2-3 Minuten kochen. Zum Schluß die Zitronenschale entfernen.

Diese feine Creme kommt bei der Zubereitung von Obsttorten oder als Gebäckfüllung zur Verwendung, man kann sie aber auch pur oder auf Obstsalat genießen.

Mandelcreme

Für zwei Personen

Konditorcreme von 2 Eigelben (Rezept S. 201)
100 g süße Mandeln

Zunächst die Konditorcreme zubereiten.

Die aus den Schalen gebrochenen Mandeln 3 Minuten in kochendes Wasser legen. Anschließend abziehen (einfach zwischen Daumen und Zeige-

finger nehmen und kurz drücken), im vorgeheizten Ofen bei 200°C goldbraun rösten und zuletzt mahlen.
Unter die Konditorcreme ziehen und diese köstliche Mandelcreme entweder in Glasschälchen reichen, über Obstsalat geben oder als Tortenfüllung verwenden.

Süße Crêpes

Ergibt 15 Stück

125 g Mehl
3 Eier
1 Prise Salz
1 Prise Zucker
1/4 l Milch
2 EL Butter
1 EL Cognac oder Rum
Butter zum Backen
Puderzucker zum Bestäuben

Eine typische Speise der französischen Küche, die Sie folgendermaßen zubereiten:
Das Mehl in eine Schüssel häufen. In die Mitte eine Mulde drücken und die Eier mit Salz und Zucker hineingeben. Nach und nach mit dem Holzlöffel das Mehl mit den Eiern vermengen und langsam die kalte Milch einrühren.
Sobald sich ein glatter, dünnflüssiger und klümpchenfreier Teig ergibt, die geschmolzene Butter und den Cognac bzw. Rum ergänzen.
Ein Pfännchen mit einem oberen Durchmesser von etwa 20 cm erhitzen und den Boden leicht mit flüssiger Butter einpinseln.
2 EL Teig in die Pfanne geben und sofort durch Schwenken gleichmäßig verteilen. Die Crêpe auf der Unterseite bräunen, dabei die Pfanne gelegentlich schütteln. Wenden und auf der anderen Seite goldgelb backen. Herausnehmen und unverzüglich den restlichen Teig verarbeiten.
Die Crêpes auf einer großen Platte anrichten, mit Puderzucker bestäuben und heiß servieren.

Einige Vorschläge für die Füllung:
a) Apfelmus mit zerstoßenen Makronen;
b) Apfelmus mit Kirschwasser;
c) Aprikosenmarmelade, Cognac und (nach Belieben) Mandelsplitter;
d) Erdbeermarmelade mit Whisky;

e) gezuckerte Ananastückchen in Maraschino;
f) kandierte Ananas und die Crêpe mit Kirschwasser flambieren;
g) Bruch von glacierten Kastanien, mit Rum parfümiert;
h) Erdbeeren mit Schlagsahne;
i) Himbeeren mit Schlagsahne;
k) mit Orangenessenz oder abgeriebener Orangenschale aromatisierte Schlagsahne; Aprikosenmarmelade, mit etwas Wasser verdünnt, erhitzt und mit einem Tropfen Strega (italienischer Kräuterlikör) parfümiert, separat dazu reichen;

Und ein Variationsvorschlag: Den mit Rum aromatisierten Crêpeteig mit 1 EL herbem Kakaopulver und 2 EL sehr fein gemahlenem Kaffee abrunden und die Crêpes mit leicht gesüßter Schlagsahne füllen.
Dieses Rezept stammt von Robert Carrier.

Frühlingsbecher

Für sechs Personen

1 l Milch
100 g Zucker
1 Päckchen Vanillinzucker
100 g Butter
80 g Mehl
1-2 Eigelb
Kakaopulver
100 g Löffelbiskuits
Maraschino
Alchermes (italienischer Kräuterlikör)

Die Milch mit Zucker und Vanillinzucker aufkochen und abkühlen lassen. Die Butter bei milder Hitze schmelzen und sofort das Mehl energisch unterrühren. Nun unter ständigem Rühren die inzwischen lauwarme Milch langsam zufügen und die Creme aufkochen lassen.

1. Creme: 1/3 der Creme in ein Töpfchen geben. Die Eigelbe einzeln einrühren. Die Mischung kurz erhitzen und anschließend in eine mit Wasser ausgespülte Glasschale füllen.
2. Creme: Unter die Hälfte der restlichen Creme nach Geschmack Kakaopulver oder geschmolzene Schokolade ziehen und die Mischung einen Moment erhitzen. Einige Löffelbiskuits mit Maraschino tränken, in die untere Cremeschicht eintauchen und mit der zweiten Creme übergießen.

3. Creme: Die restliche Creme mit etwas Alchermes rosa färben. Wieder einige Maraschino-getränkte Löffelbiskuits in die Schale legen und die rosa Creme darübergießen. Diese muß recht flüssig sein, damit sie sich gut verteilt und alles gleichmäßig bedeckt.

Das Dessert erkalten lassen. Mit Schlagsahne oder mit Butter-Zucker-Schaum überziehen und servieren.

Prinzenschnitten

100 g Mascarpone
Likör Ihrer Wahl
2 Eigelb
80 g feiner Zucker
1 Biskuitboden à ca. 200 g
150 g Kuvertüre
50 g flüssige Sahne
150 g Schlagsahne
100 g kandierte Kirschen

Den Mascarpone gut mit 1 Gläschen Likör vermischen. In einer zweiten Schüssel die Eigelbe mit dem Zucker so lange verrühren, bis er sich völlig aufgelöst hat. Nun langsam den Mascarpone unterziehen.
Den Biskuitboden waagerecht durchschneiden und gleichmäßig mit Likör tränken. Die Mascarpone-Creme auf der einen Hälfte verteilen und die zweite Hälfte darauflegen, die ebenfalls mit Likör getränkt wird.
Die Schokolade zerbröckeln und im Wasserbad schmelzen. Langsam die flüssige Sahne dazugießen und gut verrühren. Mit dieser »Prinzen-Creme« den gefüllten Biskuitboden überziehen. Sobald der Überzug erstarrt ist, die Torte in Quadrate von 4 cm Seitenlänge teilen. Die Schnitten mit einem Sahnehäubchen und einer Kirschenhälfte dekorieren und auf einer hübschen Kuchenplatte arrangieren.

Apfelkrapfen

Für sechs Personen

5 feste, schmackhafte Äpfel (z.B. Renetten)
Backteig (Zutaten S. 186, aber ohne Hefe)
Öl zum Ausbacken
Puderzucker zum Bestäuben

Den Backteig mit den auf S. 186 angegebenen Mengen nach Anleitung vorbereiten und mindestens 1/4 Stunde ruhen lassen.
Die ganzen Äpfel schälen und mit dem Apfelausstecher vom Kerngehäuse befreien. Die Früchte waschen, trockenreiben und in Ringe schneiden. Diese durch den Backteig ziehen und in reichlich siedendem Öl ausbakken. Zum Aufsaugen von überschüssigem Fett auf Küchenkrepp legen und mit Puderzucker bestäuben.

Schwarz-weißes Teegebäck

Für sechs Personen

100 g Butter
150 g Mehl
120 g Zucker
2 Eier
40 g Kakaopulver
Puderzucker zum Bestäuben

Die Butter zerlassen und mit Mehl, Zucker und Eiern zu einem glatten Teig vermengen.
Sie können entweder das Kakaopulver gleich mit einarbeiten oder auch den fertigen Teig teilen und nur eine Hälfte mit Kakao ergänzen. So erhalten Sie schwarze und weiße Gebäckstücke.
Kleine Förmchen ausbuttern und den Teig hineinfüllen. Etwa 10 Minuten im vorgeheizten Ofen bei 200°C backen. Aus den Förmchen nehmen, hübsch auf einem Teller anordnen und mit Puderzucker bestäuben.
Anstelle von Kleingebäck können Sie auch einen Kastenkuchen backen: Den Teig in eine entsprechende Form füllen und etwa 1/2 Stunde backen.

Buntes Konfekt

100 g Mascarpone
50 g Butter
100 g Puderzucker
1 Eigelb
130 g trockene Kekse
60 g Kakaopulver
1 Gläschen Maraschino
bunte Streusel

Mascarpone, Butter, Puderzucker und Eigelb in eine Schüssel geben und etwa 1/4 Stunde mit dem Holzlöffel bearbeiten.
Die Kekse mit dem Flaschenboden feinkörnig zerstampfen. Die Brösel zusammen mit dem Kakaopulver und dem Maraschino unter die Mascarpone-Creme ziehen.
Aus dieser ziemlich festen Masse Bällchen formen, die in den Streuseln gewälzt werden.
Das bunte Konfekt, das an Karnevalskonfetti erinnert, vor dem Servieren in den Kühlschrank stellen.

Biskuitrolle

Für sechs Personen

Für den Biskuitteig:
4 Eier
100 g Zucker
100 g Mehl
1 Prise Salz
Butter und Grieß für die Form

Für die Füllung:
100 g Marmelade oder Konditorcreme
25 g Puderzucker zum Bestäuben
100 g Schlagsahne zum Verzieren

Herstellung des Biskuitteigs: Das erste Ei aufschlagen, Eigelb und Eiweiß in zwei separate Schüsseln geben. Das Eigelb und 1 EL (20 g) Zucker mit dem Holzlöffel energisch verrühren (dabei stets dieselbe Rührrichtung beibehalten, sonst wird der Biskuitteig nicht locker). Nun das zweite Eigelb mit der gleichen Menge Zucker zufügen und weiterrühren. Danach folgen das dritte und vierte Eigelb, jeweils mit 1 EL Zucker.
Zuletzt den restlichen Zucker untermischen und solange rühren, bis er sich völlig aufgelöst hat und eine dicke Creme entsteht.
Nun nacheinander 5 gehäufte EL Mehl einarbeiten und so lange weitermischen, bis sich der Teig kaum noch rühren läßt.

Jetzt die 4 Eiweiße unter Zugabe von 1 kräftigen Prise Salz mit dem Schneebesen zu Schnee schlagen und diesen behutsam unter den Teig ziehen. Dies ist der entscheidende Moment – Sie dürfen auf keinen Fall hastig rühren!
Der Teig ist fertig, wenn alle Zutaten gut miteinander vermischt sind und die Masse weich und locker ist – genau wie ein richtiger Biskuitteig sein soll.
(Wenn Sie eine Torte backen möchten, buttern Sie eine Springform ein und streuen Sie sie mit je 1 EL Zucker und Grieß aus. Dadurch erhält der Kuchen eine schöne goldgelbe Farbe und läßt sich außerdem später leichter aus der Form lösen. Nun geben Sie den Teig hinein und backen ihn im heißen Ofen etwa 1/2 Stunde.
Dabei darf die Hitze in den ersten 20 Minuten 175°C nicht überschreiten, und Sie dürfen die Ofentür während dieser Zeit auf keinen Fall öffnen. Nach 20 Minuten können Sie einen prüfenden Blick wagen, um festzustellen, ob der Kuchen schön aufgegangen und gebräunt ist. Sollte er noch zu blaß sein, erhöhen Sie die Temperatur auf 200°C und setzen den Backvorgang noch 10 Minuten fort. Schalten Sie den Herd aus und lassen Sie den Kuchen noch gut 10 Minuten im Ofen. Auf diese Weise kann er nicht zusammenfallen.)

In diesem Fall möchten wir allerdings keine Torte, sondern eine Teigplatte von mind. 25 cm Breite, 40 cm Länge und 2-3 cm Dicke backen.
Und das machen Sie so: Das Backblech mit eingefettetem Pergamentpapier (oder Backpapier) auskleiden. Den Teig darauflegen und mit Hilfe des Holzlöffels verteilen, bis er die gewünschten Maße angenommen hat. Im vorgeheizten Ofen bei 200°C 10 Minuten backen. Dabei dürfen sich nur die Ränder goldgelb färben.
Aus dem Ofen nehmen und sofort mit der Füllung bestreichen. In Längsrichtung aufrollen. Durch einen schrägen Schnitt in zwei Hälften teilen. Auskühlen lassen und mit Puderzucker bestäuben. Die Sahne in den Spritzbeutel füllen und die Biskuitrolle hübsch mit Ornamenten verzieren.
Eine wunderbare Leckerei, die das Prinzip der »austerity« aber keineswegs außer acht läßt.
Lassen Sie sich durch die Beschreibung nicht abschrecken – es ist viel leichter getan als gesagt!

Obsttorte

Für acht Personen

Konditorcreme von 6 Eigelb (Rezept S. 202)
Obst der Saison, z. B.:
je 2 Äpfel, Birnen, Bananen, Apfelsinen, Pfirsiche, Aprikosen
je 200 g Erdbeeren, Heidelbeeren, Himbeeren, Trauben
Zucker
Zitronensaft
1 runder Biskuitboden von 24 cm Durchmesser
1 Gläschen Fruchtgelee (möglichst Aprikosen oder Trauben)

Zuerst nach der Anleitung auf S. 202 die Konditorcreme zubereiten und abkühlen lassen.
Inzwischen das Obst vorbereiten. Natürlich verwenden Sie nicht alle angegebenen Sorten, sondern die gerade erhältlichen. Äpfel, Birnen, Bananen schälen und in Scheibchen schneiden, Orangen oder Mandarinen in Spalten teilen, Pfirsiche und Aprikosen in feine Scheiben schneiden, Beeren und Trauben nur waschen.
Die einzelnen Obstsorten am besten auf separate Teller geben, mit etwas Zucker bestreuen und leicht mit Zitronensaft beträufeln. Nachdem Sie alles vorbereitet haben und die Konditorcreme nur noch lauwarm ist, können Sie mit Ihrem Meisterwerk beginnen.

1. Den Biskuitboden waagerecht durchschneiden und die beiden Hälften (mit der Schnittfläche nach oben) auf zwei Tortenplatten legen.
2. Die vorbereitete Creme auf den Böden verteilen (wie Sie sicher schon gemerkt haben, stellen Sie gerade zwei Torten gleichzeitig her. Wenn Ihnen das nicht recht ist ... nun, dann bewahren Sie einen Boden eben für einen späteren Zeitpunkt auf.)
3. Nun das Obst symmetrisch darauf anordnen, beispielsweise von außen beginnend einen Ring Erdbeeren, dann einen Ring Äpfel, Bananen, Pfirsiche usw. In die Mitte legen Sie schließlich die kleinsten Früchte, z. B. die Heidelbeeren. Schauen Sie doch ruhig einmal in die Schaufenster von Konditoreien, dort bekommen Sie bestimmt Ideen.
4. Das Gelee mit 2 EL Wasser bei milder Hitze erwärmen. Mit dem Holzlöffel rühren, bis es sich verflüssigt, anschließend etwas abkühlen lassen. Die Früchte mit Hilfe eines breiten (und sauberen) Backpinsels gleichmäßig damit überziehen. Vor dem Servieren in den Kühlschrank stellen.

Diese Torte ist schnell gemacht und viel preiswerter als beim Konditor. Sie ist gesund, nahrhaft und hübsch anzusehen. Der Geleeüberzug hat nicht nur einen dekorativen Zweck, sondern konserviert darüber hinaus das Obst. Dies gilt auch für den Zitronensaft: Er verleiht einen herzhaften Geschmack, ist gesund und verhindert das Braunwerden von Äpfeln, Birnen und Bananen.
Sie werden acht Tortenstücke genießen, die Sie so schnell nicht vergessen.

Cremetorte mit Früchten

Für zwei Personen

1 frischer Biskuitboden (200 g)
1 kleine Tasse Likör (gemischt, z. B. Maraschino, Rum, Kirschwasser, Alchermes, Crème de Café)
100 g Mandel- oder Konditorcreme (Rezept S. 201)
200 g Ananas in Scheiben oder eingelegte Pfirsiche und Birnen
Schlagssahne
eingelegte Kirschen bzw. Cocktailkirschen

Den Biskuitboden waagerecht halbieren und die Schnittflächen mit dem Likörgemisch einpinseln.
Die untere Hälfte mit der Creme bestreichen und die zweite Hälfte darauflegen.
Den restlichen Likör mit dem Pinsel auf dem Biskuitboden verteilen. Die Torte mit den Früchten belegen, mit Sahne überziehen und mit den Kirschen verzieren.
Diese Torte ist sehr dekorativ, kostet nicht viel und ist dabei ausgesprochen köstlich!

Gedeckter Apfelkuchen

Für sechs Personen

3 Eier
125 g Zucker
100 g Butter oder Margarine
200 g Mehl
1 Päckchen Backpulver
3 EL Milch
1 Prise Salz
Zucker und Grieß für die Form (je 2 EL)
750 g Äpfel (möglichst Renetten)
Rosinen nach Geschmack
100 g Fruchtgelee

Die Eier trennen und die Eigelbe in einer Schüssel mit dem Zucker verquirlen. Die zerlassene Butter bzw. Margarine dazugeben. Das Mehl mit dem Backpulver vermischen und in die Schüssel sieben. Die Milch zufügen und alles zu einem lockeren Teig verarbeiten.
Die Eiweiße mit 1 Prise Salz zu Schnee schlagen und diesen so behutsam unterziehen, daß er nicht zusammenfällt.
Eine Tortenspringform ausbuttern und mit Zucker und Grieß ausstreuen. Die Hälfte des Teigs darin verteilen.
Die Äpfel schälen und in ziemlich dicke Scheiben schneiden. Den Teig damit belegen und Rosinen darüberstreuen. Alles mit dem restlichen Teig bedecken. Den Kuchen im vorgeheizten Ofen bei 190°C ca. 3/4 Stunde backen.
Achtung: 190°C gilt nicht für alle Öfen, denn bekanntlich hat jeder Herd seine Eigenheiten. Überwachen Sie daher den Backvorgang!
Den Kuchen nach 45 Minuten herausnehmen, mit dem in 2 EL warmem Wasser gelösten Fruchtgelee überglänzen und noch 1/4 Stunde in den abgeschalteten Ofen schieben. (Man läßt grundsätzlich alle mit Eiern und Backpulver hergestellten Kuchen eine Weile im abgeschalteten Ofen ruhen.)
Den Apfelkuchen wieder herausnehmen und erkalten lassen. Es wäre frevlerisch, ihn warm zu verspeisen!
Ausgezeichnet zum Frühstück zusammen mit einer Tasse Tee. Ihre Freundinnen werden Sie um Ihre Zartheit (pardon! um die Zartheit Ihres Kuchens) beneiden.

Strudel

250 g Mehl
Salz
1 Ei
50 g Butter
Milch

1/2 kg Äpfel
80 g Rosinen
abgeriebene Zitronenschale
90 g Zucker

Das Mehl auf das Backbrett häufen. 1 Prise Salz, das Ei und etwas Butter zugeben und alles miteinander verkneten. Dabei nach und nach so viel Milch einarbeiten, daß sich ein weicher und elastischer Teig ergibt. Noch

einmal gut durchkneten, in ein Tuch einschlagen und 1/2 Stunde ruhen lassen.
Inzwischen die Äpfel schälen und in Stückchen schneiden.
Den Teig sehr dünn ausrollen und zwei Drittel der Fläche mit Apfelstückchen und Rosinen belegen. Zitronenschale und Zucker darüberstreuen und alles mit etwas zerlassener Butter beträufeln.
Den Strudel so einrollen, daß die ungefüllte Fläche als Verstärkung des Teigmantels nach außen kommt. In eine runde, eingefettete Backform legen, mit der restlichen zerlassenen Butter begießen, mit Zucker bestreuen und im heißen Ofen etwa 3/4 Stunde backen.

Nußmakronen

Für vier Leckermäulchen

125 g Haselnüsse ohne Schalen
2 Eiweiß
1 Prise Salz
125 g Puderzucker

Die Nüsse feinhacken oder mahlen. Die Eiweiße mit dem Salz steifschlagen. Den Puderzucker und die feingemahlenen Nüsse gründlich unterziehen; dabei aber behutsam vorgehen, damit der Eischnee nicht zusammenfällt.
Die Nußmasse teelöffel- oder nach Belieben auch eßlöffelweise auf einem gefetteten Backblech verteilen.
Die Makronen bei 100°C abbacken und vor dem Genuß völlig auskühlen lassen.
Wirklich lecker!

10

Erfrischendes und Alkoholisches

Magenbitter – Erfrischender Holundertrunk – Geistreiche Kirschen – Zitronenlikör – Kräuterlikör – Pfefferminzlikör – Fruchtsorbet

Magenbitter

Ergibt 1 l

40–60 Beifußrispen	*1 l Wasser*
1 l Weingeist (90 %)	*400 g Zucker*

Die gesäuberten Kräuter mit dem Alkohol übergießen. Mindestens 45 Tage stehen lassen, dabei ab und zu umrühren.
Nach Ablauf dieser Zeit 1 l Wasser zum Kochen bringen. Den Herd abschalten, den Zucker zufügen und rühren, bis er völlig gelöst ist.
Während das Zuckerwasser auskühlt, den Alkohol filtern. Die Kräuter gut ausdrücken und anschließend wegwerfen.
Nun das kalte Zuckerwasser mit dem Alkohol vermischen und wieder filtern. Im Laufe der Zeit wird sich das Getränk erneut eintrüben, was Sie durch gelegentliches Filtern beseitigen können (etwa alle 3-5 Monate – falls dann noch etwas übrig ist!).
Mit den angegebenen Mengen erhalten Sie einen etwa 45 %igen Magenbitter. Wenn Sie ihn schwächer und vielleicht auch süßer vorziehen, verwenden Sie einfach etwas mehr Wasser und Zucker.

Erfrischender Holundertrunk

5 l Wasser
5 Holunderblütendolden (noch fast geschlossen)
3 Glas Zucker
1 Glas Essig
1 unbehandelte Zitrone in Scheiben

Alle Zutaten in einem Gefäß 3 Tage ziehen lassen, anschließend durchseihen und das Getränk kalt genießen.

Geistreiche Kirschen

Für 1 kg Sauerkirschen

3/4 l Weingeist (90 %)
1/4 l Kirschwasser
50 g Zucker
2 Gewürznelken

Verwenden Sie für dieses Rezept reife, unbeschädigte Früchte. Die Stiele kurz vor dem Ansatz abschneiden und die Kirschen mit einem Tuch abreiben, jedoch nicht waschen. In ein Glas füllen und mit dem Alkohol bedecken. Zucker und Gewürznelken dazugeben, das Glas verschließen und an einen kühlen Ort stellen.

Zitronenlikör

Ergibt ca. 1 l

4 mittelgroße, unbehandelte Zitronen
1/2 l Weingeist
1/2 l Wasser
400 g Zucker

Die Zitronen so dünn abschälen, daß nichts von der weißen Innenhaut an den Schalen haftet.
Die Schalen mit dem Alkohol begießen und 20 Tage stehen lassen. Nach Ablauf dieser Zeit durchseihen und die Flüssigkeit mit dem erkalteten Zuckersirup mischen.
Vor dem Genuß einige Zeit ruhen lassen und am besten gekühlt reichen.

Sirup: Das Wasser aufkochen, den Zucker zufügen und mit dem Holzlöffel rühren, bis der Zucker sich ganz gelöst hat. Erkalten lassen, mit der vorbereiteten Essenz mischen und die Flüssigkeit durch ein Filterpapier gießen.
Die gleiche Zubereitung gilt für Orangen- oder Mandarinenlikör, wobei Sie in letzterem Fall jedoch erheblich mehr Früchte verwenden müssen.

Kräuterlikör

Ergibt ca. 1 l

5 Lorbeerblätter
5 Rosmarinzweige
5 Pfefferminzblätter
5 Basilikumblätter
5 Zitronenblätter
1 kleine Prise Muskat
1/2 l Weingeist (90 %)
1/2 l Wasser
400 g Zucker

Die Kräuter und Blätter sowie das Muskat mit dem Alkohol in ein fest verschließbares Gefäß füllen. 20 Tage ruhen lassen.
Anschließend den Sirup zubereiten und, sobald er erkaltet ist, mit der durchgeseihten Essenz mischen.
Filtern, in Flaschen abfüllen und ... vergessen.
Er wird hervorragend schmecken, wenn Sie ihn wiederfinden.

Pfefferminzlikör

Ergibt ca. 2 l

60 Pfefferminzblätter
1 l Weingeist
1 l Wasser
800 g Zucker

Die Pfefferminzblätter 1 Woche im Alkohol ziehen lassen. Am siebten Tag das Wasser mit dem Zucker erhitzen, 3 Minuten kochen und dann erkalten lassen. Den Alkohol durchseihen und – ohne Blätter – mit dem Sirup vermischen, anschließend abfüllen.
Sie können diesen Likör sofort genießen, doch schmeckt er nach 3 Monaten noch viel besser. Er regt die Verdauung an und nimmt den Durst.
Wenn Sie anstelle der Pfefferminze 60 Salbeiblätter verwenden, erhalten Sie einen ausgezeichneten Likör von verdauungsfördernder, entspannender Wirkung.

Fruchtsorbet

300 g Zucker
1 Glas Wasser
1/2 kg passierte Früchte nach Geschmack

Den Sirup nach der Beschreibung auf S. 214 zubereiten und etwas konzentrieren. Sobald er nur noch lauwarm ist, die Früchte unterziehen und die Mischung ins Gefrierfach stellen. Ab und zu umrühren.

11
Eingemachtes

Obst: *Eingemachte Aprikosen – Aprikosen in Marsala – Getrocknete Aprikosen – Aprikosenkonfitüre – Sauerkirschen in Weingeist – Sauerkirschkonfitüre – Eingemachte Kirschen – Vergeistigte Kirschen – Quittenbrot – Quitten-Weinbrand-Konfekt – Klösterliche Feigen – Getrocknete Feigen in Grappa – Feigenkompott – Feigenkonfitüre mit Schuß – Eingemachte Erdbeeren – Erdbeerkonfitüre – Eingemachtes nach Schwester Germana*
Gemüse: *Eingemachte Tomaten – Kalt gemixte Tomatensauce – Eingelegte Paprikaringe – Piemonteser Vorspeise*

Allgemeines zum Konservieren von Obst

Obstkalender:
Januar: Apfelsinen, Ananas, Grapefruits, Bananen
Februar: Apfelsinen, Ananas, Zitronen, Grapefruits
März: Apfelsinen, Ananas, Zitronen, Grapefruits
April: Apfelsinen, Grapefruits, Zitronen
Mai: Erdbeeren, Rhabarber
Juni: Süßkirschen, Sauerkirschen, Zwetschen, Aprikosen
Juli: Aprikosen, Sauerkirschen, Melonen, Zwetschen, Johannesbeeren, Himbeeren
August: Trauben, Pfirsiche, Melonen, Zwetschen, Heidelbeeren, Johannisbeeren, Kornellen, Himbeeren
September: Feigen, Heidelbeeren, Brombeeren, Zwetschen, Trauben
Oktober: Maronen, Äpfel, Kakipflaumen, Birnen, Trauben
November: Quitten, Maronen, Kakipflaumen, Birnen, Äpfel
Dezember: Mandarinen, Birnen, Äpfel, Bananen

Ernte, Auswahl und Vorbereitung der Früchte
Am besten ernten Sie am frühen Vormittag, sobald die Sonne den Tau getrocknet hat. Dabei wählen Sie nur die schönsten Früchte, solche also, die voll gereift, makellos und nicht mit Pflanzenschutzmitteln behandelt sind. Verarbeiten Sie Früchte der jeweiligen Jahreszeit, denn das Einwecken von Frühobst ist eine kostspielige Angelegenheit und überdies nicht rat-

sam, da dieses Obst leicht verderblich ist. Falls Sie die Früchte vom Händler kaufen, wählen Sie sie mit Bedacht aus und achten Sie dabei auf die oben genannten Qualitätsmerkmale. Da Sie sich natürlich in diesem Fall nicht unbedingt darauf verlassen können, daß die Produkte frei von Chemikalien sind, müssen diese noch sorgfältiger vorbereitet werden. Prinzipiell werden die Früchte nur kurz gewaschen, da sie wertvolle Nähr- und Aromastoffe an das Wasser abgeben. Besser noch ist es, sie nur mit einem sauberen, feuchten Tuch abzureiben, sofern ihre Herkunft bekannt ist und dies zuläßt. Das Entsteinen oder Entstielen erfolgt stets nach dem Waschen. Die Art der Verarbeitung sollte bereits beim Ernten berücksichtigt werden: Für die Zubereitung von Gelee, Marmelade oder Kompott können die Früchte ohne Stiele gesammelt werden; möchten Sie dagegen beispielsweise Kirschen oder Trauben in Alkohol einlegen, dann werden die Früchte mit einem kleinen Stengelansatz abgetrennt, besser noch abgeschnitten. Das Einkochen selbst sollte möglichst am gleichen Tag erfolgen, wobei Sie die Früchte bis zur eigentlichen Verarbeitung an einem trockenen und gut belüfteten Platz lagern, um Gärprozesse oder Schimmelbildung zu vermeiden.

Das Einkochen von Marmelade

Marmeladen, Konfitüren und Gelees werden am besten heiß abgefüllt. Dabei geht man wie folgt vor: Die kochende Marmelade vom Herd nehmen und die ebenfalls erhitzten Gefäße bis 1 cm unterhalb des Randes rasch damit füllen. Die Gefäße sofort dicht verschließen und an einen Ort stellen, wo sie keinem Luftzug ausgesetzt sind (sie vertragen keine starke Temperaturschwankung). Besser noch ist es, wenn Sie die Gefäße in Tücher wickeln, die Sie erst dann abnehmen, wenn der Inhalt völlig ausgekühlt ist. Die Lagerung erfolgt an einem Ort, der dunkel oder zumindest vor direktem Lichteinfall geschützt ist. Dieses Verfahren ist insofern günstig, als es auch die Konservierung von Produkten mit geringerem Zukkergehalt ermöglicht und somit demjenigen entgegenkommt, der gar zu süße Dinge nicht so gerne mag.

Das Konservieren in Alkohol

Für dieses Verfahren empfiehlt sich die Verwendung von ziemlich hochprozentigem Alkohol, da das im Obst enthaltene Wasser diesen noch verdünnt.

Etwa 1 Monat nach dem Abfüllen ergänzen sie eine Zuckerlösung: Dafür pro 2 kg Obst (die Früchte also vor dem Verarbeiten unbedingt wiegen) 250 g Zucker in 1 EL Wasser lösen, den Sirup 1-2 Minuten kochen und erkalten lassen.

Das Sterilisieren

Sobald das Einkochgut zubereitet ist, wird es in die gespülten und abgetrockneten Gläser gefüllt. Nun wischt man die Glasränder sorgfältig sauber, nimmt einen der zuvor in kaltes Wasser gelegten Gummiringe, läßt ihn gut abtropfen und legt ihn genau auf den Glasrand. Zuletzt wird das Gefäß mit der Spange verschlossen.

Jetzt folgt das Sterilisieren, das die im Einkochgut vorhandenen Keime zerstört und außerdem durch Schaffung eines Vakuums in den Gläsern eine eventuelle Neubildung von Mikroorganismen verhindert. Bei diesem Konservierungsverfahren werden Geschmack und Aussehen des Einkochgutes nicht beeinträchtigt, sondern vielmehr seine wesentlichen Merkmale erhalten.

Das Sterilisieren erfolgt mit Hilfe von Wärme, genauer gesagt durch das Erhitzen im Wasserbad. Dabei gilt folgende Regel: Gläser mit kaltem Inhalt werden in kaltes Wasser gestellt, während bei warmer Füllung die Wassertemperatur entsprechend hoch sein muß. Spezielle Einkochtöpfe sind zu erschwinglichen Preisen erhältlich, doch tut es ein normaler, großer Topf auch. Er muß mindestens 10 cm höher sein als die Einmachgläser, damit diese während des Vorgangs 1-2 cm hoch mit Wasser bedeckt werden können. Darüber hinaus sollte er auch so weit sein, daß er mehrere Gläser gleichzeitig aufnehmen kann. Der Topfboden wird mit etwas Zeitungspapier ausgelegt, damit die Gläser im sprudelnden Wasser nicht zerspringen. Auch dürfen sie nicht seitlich aneinanderstoßen, weshalb man sie durch einen dünnen Pappdeckel voneinander trennt. Sollte das Wasser vor Ende des Vorgangs verdampfen, so ergänzt man rechtzeitig siedendheißes Wasser, um den Kochvorgang nicht zu unterbrechen.

Die in den nachfolgenden Rezepten angegebene Sterilisationsdauer beginnt jeweils mit dem ersten Aufwallen des Wassers und erstreckt sich bis zu dem Augenblick, in dem das Sprudeln aufhört, wobei eine Toleranzzeit von 5 Minuten zulässig ist. Danach bleiben die Gläser so lange im Wasser, bis dieses völlig ausgekühlt ist.

Bevor Sie die Gläser endgültig an den dafür vorgesehenen Ort stellen, überprüfen Sie, ob das gewünschte Ergebnis erreicht ist: Lösen Sie die Klammern und stellen Sie fest, ob die Deckel auch bei leichtem Ziehen fest am Glas aufsitzen. Ist dies nicht der Fall, so vergewissern Sie sich zunächst, ob Gummiring und Glas in gutem Zustand sind, und wiederholen dann den Vorgang.

Die Aufbewahrung

Die Gläser werden an einem trockenen und dunklen Ort aufbewahrt. In der ersten Woche sollten Sie sie täglich auf eventuelle Veränderungen hin kontrollieren. Entdecken Sie beispielsweise in einem Glas Bläschen oder Eintrübungen, dann müssen Sie den Inhalt unverzüglich aufbrauchen – nicht ohne ihn zuvor beschnuppert und genau angeschaut zu haben; stellen Sie dabei den für Gärprozesse typischen Geruch fest, so muß das Produkt auf jeden Fall weggeworfen werden.

Nachdem Sie die Gläser an ihren Platz gestellt haben, sollten Sie sie möglichst nicht mehr umstellen, denn Veränderungen der Temperatur oder Luftfeuchtigkeit beeinträchtigen die Gummidichtungen. Der ideale Platz zum Aufbewahrten ist ein trockener Kellerraum.

Zum Öffnen der Gläser müssen Sie lediglich die Klammern lösen und am Gummiring ziehen. Sollte es bei dem einen oder anderen Glas nicht klappen, dann lassen Sie heißes Wasser über den Deckel laufen. Nun läßt es sich durch Ziehen am Gummiring ohne weiteres öffnen. (Dieser Trick funktioniert übrigens auch bei Schraubdeckeln, die sich nicht lösen wollen.)

Nach dem Öffnen muß die Konserve im Kühlschrank aufbewahrt und schnell verbraucht werden.

Und noch ein Tip: Bevor Sie die Gläser an ihren Platz stellen, versehen Sie sie mit Etiketten unter Angabe des Inhalts, des Herstellungsdatums, der Zutatenmengen, eventuell des Zeitpunkts, ab dem sein Inhalt verzehrt werden kann und des Verfallsdatums. Sinnvoll ist es auch, wenn das Etikett noch Platz für wichtige Anmerkungen oder Variationsmöglichkeiten bezüglich der Verwendung des Produktes bietet.

Eingemachte Aprikosen

3–3,5 kg makellose und nicht zu reife Aprikosen
1 l Wasser
350-400 g Zucker
1 Stückchen Zitronenschale

Die Früchte rasch in kaltem Wasser waschen, mit einem sauberen Tuch abtrocknen und 1/2 Stunde in die Sonne legen. Inzwischen den Sirup vorbereiten: Den Zucker ins Wasser einrühren, die Zitronenschale zufügen und alles 2-3 Minuten kochen; anschließend erkalten lassen.
Die Aprikosen mit einem scharfen Messer halbieren und entsteinen. Die Hälften mit der Aushöhlung nach unten so in die Gläser schichten, daß möglichst viele hineinpassen, und zusammendrücken.
Soviel kalten Sirup darübergießen, daß die Gläser bis 2 cm unterhalb der letzten Lage gefüllt sind.
Die Gläser fest verschließen und die Aprikosen 15-20 Minuten sterilisieren. An einem dunklen und trockenen Ort aufbewahren und zuvor kontrollieren, ob die Gläser dicht verschlossen sind.
In den ersten 10 Tagen regelmäßig auf eventuelle Veränderungen hin inspizieren und prüfen, ob die Deckel fest aufliegen. Gläser, in denen sich der Sirup eintrübt, sofort öffnen und den Inhalt unverzüglich aufbrauchen.

Aprikosen in Marsala

4 dl Wasser
600 g Zucker
1/2 l Marsala secco
1 unbehandelte Zitrone
1 Prise Zimt
2 Gewürznelken
3 kg makellose und nicht zu reife Aprikosen

Zunächst das Wasser mit dem Zucker kurz aufkochen, bis sich der Zucker völlig gelöst hat. Den Topf vom Herd ziehen und den Marsala, einige Stückchen Zitronenschale, den Saft der Zitrone, den Zimt und die Gewürznelken in den Sirup rühren und diesen erkalten lassen.
Inzwischen die Aprikosen sorgfältig säubern oder kurz in kaltem Wasser

waschen und sofort an der frischen Luft trocknen lassen. Mit einem scharfen Messer halbieren, entsteinen und in die Gläser füllen.
Soviel kalten Sirup in die Gläser gießen, daß das Einmachgut zu 3/4 bedeckt ist, höchstens jedoch bis 1 cm unterhalb des Glasrandes.
Die Gefäße dicht verschließen und das Eingemachte 10 Minuten sterilisieren. An einem kühlen, dunklen Ort aufbewahren.
Der Sirup ergibt eine exquisites Getränk.

Getrocknete Aprikosen

Alles, was Sie für dieses Rezept benötigen, sind Aprikosen, die gerade den richtigen Reifegrad besitzen.
Die Früchte halbieren, entsteinen und auf einen Ofenrost legen. Einige Stunden in den nicht zu heißen Ofen schieben und diesen Vorgang einige Tage hintereinander wiederholen. Nachdem alle Früchte ein schrumpliges Aussehen angenommen haben, werden sie 3-4 Tage (mit einem Tuch oder Wachspapier bedeckt) an der frischen Luft in der Sonne getrocknet. Verdorbene Früchte müssen dabei aussortiert werden.
Der Wasserentzug muß möglichst schnell vor sich gehen, ohne daß die Früchte dabei völlig aushärten. Während der Trockenphase an der frischen Luft müssen sie abends ins Haus gestellt werden, damit sie durch die nächtliche Feuchtigkeit nicht wieder weich werden. Die getrockneten Aprikosen werden in sauberen Holzschachteln aufbewahrt.
Vor der Verwendung, beispielsweise für Desserts, werden sie 1/2 Stunde in Wasser oder einem Likör eingeweicht.

Aprikosenkonfitüre

4 kg makellose, reife Aprikosen *1,8 kg Zucker*
1 unbehandelte Zitrone

Die Früchte rasch waschen, um eventuelle Pflanzenschutzmittel auf der Schale zu entfernen; anschließend gut abtropfen lassen und entsteinen.
Die Hälfte in kleine Stücke schneiden, den Rest durch ein Sieb streichen.

Alles zusammen mit 1 Prise abgeriebener Zitronenschale und dem Zitronensaft in einen Topf geben. Aufwallen lassen und einige Minuten leise köcheln lassen, dabei wiederholt abschäumen.
Zuletzt den Zucker zufügen, erneut aufkochen und langsam eindicken lassen; immer wieder umrühren, jedoch nicht mehr abschäumen.
Den Topf vom Herd ziehen, sobald die Konfitüre die richtige Konsistenz erreicht hat. Sofort in Gläser abfüllen und diese fest verschließen.
Die Konfitüre in der Vorratskammer aufbewahren.

Sauerkirschen in Weingeist

1 kg voll ausgereifte Sauerkirschen
200 g Zucker
1 Stückchen Stangenzimt
einige Gewürznelken
einige Bittermandeln
Weingeist nach Bedarf

Die Stiele etwa 3 mm oberhalb des Ansatzes abschneiden. Die Kirschen zügig waschen, aber nicht im Wasser liegen lassen; behutsam mit einem Tuch trockentupfen und an der Luft trocknen lassen. (Eventuell genügt es auch, die Früchte nur mit einem sauberen Lappen abzureiben.)
Die Kirschen in sorgfältig gespülte und abgetrocknete, gut verschließbare Gläser füllen. Zucker, Zimt, Gewürznelken und Bittermandeln ergänzen und soviel Alkohol angießen, daß die Kirschen gut bedeckt sind.
Die fest verschlossenen Gläser in der Vorratskammer oder an einem anderen dunklen und trockenen Ort aufbewahren.
Es empfiehlt sich, mit dem Genuß dieser Kirschen mindestens 3 Monate zu warten, damit sie genug Zeit haben, um den Alkohol allmählich aufzunehmen und ihr Aroma an die Flüssigkeit abzugeben.
Sie eignen sich vorzüglich zum Dekorieren von Desserts, Puddings oder Eis; der Alkohol ergibt ein ausgezeichnetes Getränk von verdauungsfördernder Wirkung.

Sauerkirschkonfitüre

3 kg reife Sauerkirschen
1 unbehandelte Zitrone
1,5 kg Zucker
1/2 Glas Wasser
1 Gläschen Maraschino

Die gewaschenen und entsteinten Kirschen sofort in eine Schüssel füllen. Mit dem Zitronensaft beträufeln und mit der Zitronenschale aromatisieren (diese muß so fein abgerieben sein, daß nichts von der weißen, leicht bitteren Innenhaut daran haftet).
Zucker und Wasser in einem großen Topf so lange erhitzen, bis der Zukker geschmolzen ist und die Flüssigkeit sprudelnd aufkocht.
Nun die Kirschen hineingeben und unter ständigem Rühren mit dem Holzlöffel kochen, dabei häufig abschäumen.
Sobald die Konfitüre genügend eingedickt ist (dies ist der Fall, wenn ein paar Tropfen davon auf einem geneigten Teller nur langsam fließen), den Topf vom Herd ziehen. Den Maraschino untermischen und die Konfitüre in heiße Gläser füllen, die sofort gut verschlossen werden.
An einem kühlen und dunklen Ort lagern.

Eingemachte Kirschen

3 kg reife, makellose und festfleischige Kirschen (Herzkirschen oder Weichseln)
1 l Wasser
400-500 g Zucker
einige Stückchen Zitronenschale
etwas Maraschino oder Cherry Brandy (nach Belieben)

Die Kirschen in kaltem Wasser waschen, abtropfen lassen und entstielen. Behutsam behandeln, damit sie nicht gedrückt oder anderweitig beschädigt werden.
Zum Trocknen ausbreiten und schließlich in die vorbereiteten Gläser füllen.
Den Sirup zubereiten: Das Wasser mit dem Zucker und ein paar Stückchen Zitronenschale erhitzen und 3-4 Minuten kochen, anschließend erkalten lassen.

Soviel Sirup in die Gläser füllen, daß die Kirschen zu etwas mehr als 3/4 bedeckt sind. Wenn Sie den Früchten ein besonderes Aroma verleihen möchten, gießen Sie jeweils ein wenig Maraschino oder Cherry Brandy dazu.
Die Gläser fest verschließen und die Kirschen 20-30 Minuten sterilisieren. An einem kühlen und dunklen Ort aufbewahren.

Vergeistigte Kirschen

1 kg unbeschädigte und festfleischige Kirschen
400 g Zucker
1/2 Glas Wasser
guter Grappa oder anderer Branntwein nach Geschmack
einige Stückchen Zitronenschale
einige zarte Kirschblätter

Die Kirschen waschen und trockentupfen. Die Stiele etwa 1 mm oberhalb des Ansatzes abschneiden und die Früchte an der frischen Luft völlig trocknen.
Anschließend in fest verschließbare Gläser füllen, die zuvor sorgfältig gespült und abgetrocknet wurden.
Den Sirup zubereiten: Den Zucker im Wasser verrühren und die Lösung etwa 3 Minuten kochen.
Die Kirschen mit dem völlig erkalteten Sirup übergießen und mit etwas Grappa parfümieren. Zuletzt in jedes Glas ein Stückchen Zitronenschale und ein paar Kirschblätter geben. Die Gläser gut verschließen und in der Vorratskammer aufbewahren.
Am besten munden diese eingelegten Kirschen nach 3 Monaten, denn bis dahin haben sie den Alkohol gut aufgenommen.
Durch Zugabe einiger Bittermandeln bekommt der Alkohol ein ganz besonderes Aroma.

Quittenbrot

2 kg Quitten	*1/2 Glas Wasser*
2 unbehandelte Zitronen	*1,3 kg Zucker*

Die Quitten schälen und von den Kerngehäusen befreien. In eine Schüssel geben und mit kaltem Wasser sowie dem Saft von 1 1/2 Zitronen bedecken, damit sie sich nicht dunkel verfärben.
Das Wasser abgießen und die Früchte zusammen mit 1/2 Glas Wasser, dem restlichen Zitronensaft und einem Stück Zitronenschale in einen großen Topf füllen. Langsam erhitzen und unter Rühren breiig kochen. Durch ein feines Sieb streichen und anschließend mit 1 kg Zucker wieder in den Topf geben. Unter Rühren kochen, bis eine marmeladenähnliche Konsistenz erreicht ist, dabei wiederholt abschäumen.
Die heiße Masse in kleine Förmchen gießen oder auf einem mit Zucker bestreuten Blech 1 1/2 cm dick ausstreichen. Sobald die Masse erstarrt ist, nach Belieben kleine Stücke ausschneiden. Diese im restlichen Zucker wälzen und in trockenen, gut schließenden Dosen aufbewahren.

Quitten-Weinbrand-Konfekt

3 große, reife Quitten	*1 kg Zucker*
3 unbehandelte Zitronen	*1 Gläschen Weinbrand*

Die Quitten von den Stielen und schadhaften oder unansehnlichen Stellen befreien und in kaltem Wasser waschen. Anschließend in Stücke teilen und die Kerne entfernen.
Die Stücke zusammen mit etwas Zitronenschale und dem Zitronensaft in einen großen Topf geben und mit Wasser bedecken. Langsam weich kochen, dabei gelegentlich abschäumen und umrühren. Falls erforderlich, etwas heißes Wasser nachgießen.
Die Flüssigkeit abgießen und die heißen Fruchtstücke durch ein Sieb streichen. Das Mus wiegen (es sollte etwa 1 kg ergeben) und 900 g Zukker zufügen.
Erneut auf den Herd stellen und bei milder Hitze unter ständigem Rühren möglichst stark eindicken lassen.

Wenn das Mus beinahe auf die Hälfte (bis auf etwa 1 kg) eingekocht ist, den Weinbrand einrühren und den Topf vom Herd nehmen.
Ein geeignetes Blech leicht mit Zucker bestreuen und die Masse daraufgießen. Zu einer etwa 1 1/2 cm dicken Platte ausstreichen und mit etwas Zucker bestreuen. An einem kühlen und gut belüfteten Ort auskühlen lassen.
Aus der erstarrten Masse beliebige Formen, z. B. Quadrate oder Rhomben, ausschneiden. Im restlichen Zucker wälzen und in einer Blechdose an einem trockenen Ort aufbewahren.

Klösterliche Feigen

3 kg reife, feste Feigen
300 g Walnußkerne
1,5 kg Zucker
2 unbehandelte Zitronen
3 Gläschen Weinbrand
etwas abgekochtes Wasser

Die ganzen Feigen rasch, aber sorgfältig waschen. Auf einem Tuch ausbreiten und 1 Stunde an der Sonne trocknen.
Anschließend halbieren und auf jedes Stück ein Walnußviertel setzen. Die Hälften zusammenklappen und dicht an dicht in das Einmachglas schichten.
Über jede Lage eine Handvoll Zucker streuen (er soll für die gesamte Menge ausreichen); ein Stück Zitronenschale darauflegen, einige Tropfen Zitronensaft und ein Gläschen Weinbrand darüberträufeln.
Das Glas muß zuletzt bis 1 cm unterhalb des Randes gefüllt sein. Einige EL Wasser darüber verteilen (dadurch haben Sie beim Verzehr der Feigen etwas Saft), das Glas fest verschließen und die Feigen 3/4 Stunde sterilisieren.
An einem kühlen und dunklen Ort aufbewahren.

Getrocknete Feigen in Grappa

Getrocknete Feigen | *Zucker*
Walnußkerne | *Grappa oder Rum*

Für dieses Rezept können Sie bereits getrocknete Feigen kaufen oder die Früchte auch selbst vorbereiten: Am Stengel auffädeln und zum Trocknen in die Sonne hängen.
Die Feigen halbieren und auf jede Hälfte ein Walnußviertel legen. Die Hälften, wenn möglich, darüber zusammenklappen und dicht an dicht mit der zusammengelegten Seite nach unten in Gläser schichten. Über jeder Lage 1 großen EL Zucker und ein Gläschen Grappa oder Rum verteilen.
Die Gläser fest verschließen und einige Tage ruhen lassen, damit die Feigen den Alkohol langsam aufnehmen können.
Anschließend die Gläser wieder öffnen und soviel Grappa bzw. Rum dazugießen, daß die Feigen gut bedeckt sind. Die Gläser endgültig zuschrauben und an einen trockenen Platz stellen.

Feigenkompott

2 unbehandelte Zitronen
1 kg makellose, nicht zu reife Feigen
400 g Zucker
etwas Stangenzimt und Likör (nach Belieben)

5 g Zitronenschale fein abreiben, so daß nichts von der weißen, bitteren Innenhaut daran haftet.
Die Feigen schälen und lagenweise in einen weiten Topf füllen. Über jede Schicht etwas Zucker, Zitronensaft und -schale geben. Zugedeckt einige Stunden ziehen lassen.
Anschließend bei milder Hitze 1 Stunde langsam kochen lassen, dabei häufig und behutsam mit einem Holzlöffel rühren. Wieder 12 Stunden ruhen lassen und dann erneut 1 Stunde durchkochen.
Das Kompott erkalten lassen und in ein Glas füllen. Gut verschließen, 10 Minuten sterilisieren und kühl lagern.

Nach Geschmack können Sie das Kompott mit etwas Zimt oder Likör parfümieren.

Feigenkonfitüre mit Schuß

2,5 kg makellose, reife Feigen
1 kg Zucker
etwas Zitronenschale
1 Gläschen Weinbrand
Saft von 1/2 Zitrone

Die Feigen von den Stielen befreien und, wenn möglich, schälen. In Stükke schneiden und in einem Topf, der nicht aus Aluminium sein darf, etwa 1 Stunde ruhen lassen.
Zucker und Zitronenschale zufügen und alles auf kleiner Flamme erhitzen. So lange kochen, bis die gewünschte Konsistenz erreicht ist; dabei ständig mit dem Holzlöffel rühren und gelegentlich abschäumen.
Zuletzt Weinbrand und Zitronensaft unterziehen und den Kochvorgang vollenden. (Achtung: Die Konfitüre setzt leicht am Topfboden an.)
Die heiße Konfitüre in vorbereitete Gläser füllen und diese sofort verschließen. An einem kühlen, dunklen Ort aufbewahren.

Eingemachte Erdbeeren

Eingemachte Erdbeeren werden als Füllung bzw. Belag für Torten und als Dekoration von Obstsalat oder anderen Desserts verwendet.

2 kg nicht zu reife, makellose Erdbeeren gleicher Größe (auch Walderdbeeren)
1 l Wasser
1/2 kg Zucker
ein paar Stückchen Zitronenschale
etwas Weinbrand oder Weingeist

Die Erdbeeren möglichst nicht waschen. Sollte dies jedoch unbedingt notwendig sein, so muß es rasch geschehen, damit die Früchte kein Was-

ser aufnehmen. Anschließend auf einem Tuch ausbreiten und 1 Stunde in die Sonne legen.
Sobald sie richtig getrocknet sind, in kleine Gläser füllen. Einen Sirup zubereiten: Das Wasser mit dem Zucker aufsetzen und 3-5 Minuten kochen, bis sich der Zucker völlig gelöst hat. Soviel heißen Sirup in die Gläser gießen, daß das Einmachgut zu 3/4 bedeckt ist. In jedes Glas ein Stückchen Zitronenschale geben.
Da Erdbeeren sehr empfindlich sind, könnte ein zu langer Sterilisationsvorgang ihre Festigkeit beeinträchtigen. Daher ist es ratsam, statt dessen etwas erhitzten Alkohol auf die Innenseite der Glasdeckel zu geben, diesen mit einem langen Streichholz anzuzünden und den Deckel mit dem noch brennenden Alkohol schnell auf das Glas zu stülpen. Dadurch wird der Sauerstoff im Glas verbraucht und es entsteht ein Vakuum.
Nun werden die Erdbeeren noch 5 Minuten sterilisiert. Danach kontrollieren, ob die Deckel fest sitzen und die Gläser trocken und dunkel lagern.

Erdbeerkonfitüre

3 kg Erdbeeren (auch Walderdbeeren)
1 unbehandelte Zitrone
1,7 kg Zucker
1 Glas Wasser
1 Gläschen Maraschino

Verwenden Sie reife und vor allem unbeschädigte Erdbeeren. Wenn es sich wirklich nicht vermeiden läßt, die Früchte kurz waschen und anschließend trocknen.
In eine Glas- oder Steingutschüssel füllen, mit abgeriebener Zitronenschale bestreuen und mit dem ausgepreßten Saft beträufeln.
Den Zucker mit dem Wasser aufkochen, wobei der Zucker jedoch nicht braun werden darf. Nachdem er geschmolzen ist, weitere 3-4 Minuten kochen. Vom Herd ziehen und noch heiß über die Erdbeeren gießen. Durchmischen und die Erdbeeren 1 Stunde ziehen lassen.
Anschließend in einen Topf umfüllen und langsam unter Rühren erhitzen. So lange kochen, bis die Konfitüre die richtige Konsistenz angenommen hat. Mit dem Maraschino aromatisieren und unverzüglich in die vorbereiteten Gläser füllen.
Dicht verschlossen an einem kühlen, dunklen Ort aufbewahren.

Eingemachtes nach Schwester Germana

Für dieses Rezept eignen sich beispielsweise Pfirsiche, Birnen, Aprikosen, Kirschen, Pflaumen, Brombeeren, Himbeeren, Feigen.
Das Verfahren ist ganz unkompliziert: Pfirsiche und Birnen werden geschält und, ohne sie zu waschen, in Stücke geschnitten. Aprikosen, Pflaumen und Kirschen werden nur mit einem feuchten Tuch abgewischt. Brombeeren, Himbeeren und Feigen dagegen werden behutsam in Wasser mit Zitronensaft gewaschen.
Die Früchte in fest verschließbare Gläser füllen, jeweils nur 3 EL Zucker darüber verteilen und die Gefäße verschließen. In kaltes Wasser stellen und 20 Minuten sterilisieren.
Im Wasser abkühlen lassen und anschließend an einem dunklen Platz aufbewahren.
Ich habe entdeckt, daß Pflaumen und Aprikosen einen aparten Bittermandelgeschmack entwickeln, wenn man sie mit den Steinen einmacht.

Eingemachte Tomaten

Ganz einfach: Die Tomaten – am besten verwenden Sie Eiertomaten, doch eignen sich auch andere vollreife Tomaten – 5 Minuten in heißes Wasser legen; anschließend häuten, aber nicht zerteilen. Lagenweise in Gläser füllen, dabei auf jede Schicht einige frische Basilikumblätter und 1 Prise grobes Salz geben. Die gut gefüllten Gläser verschließen, in kaltes Wasser stellen und die Tomaten 20 Minuten sterilisieren. Unbedingt im Wasser erkalten lassen – ansonsten ›Ade Tomaten!‹.

Kalt gemixte Tomatensauce

Diese Sauce ist im Nu hergestellt und äußerst vielseitig zu verwenden.
Besorgen Sie dafür schöne, vollreife Tomaten und dazu frisches Basilikum, Petersilie und Sellerie.
Die Tomaten waschen, jedoch nicht häuten. Grob zerkleinern und den Mixer zur Hälfte damit füllen. Jeweils etwas von den anderen Zutaten da-

zugeben und 1 EL grobes Salz ergänzen. Den Mixer 1 Minute laufen lassen – und schon können Sie die Sauce in fest verschließbare Gläser füllen. Diese in kaltes Wasser stellen und 20 Minuten sterilisieren. Im Wasser erkalten lassen und an einem dunklen Ort aufbewahren.
Bereiten Sie ruhig größere Mengen zu, denn ihr Vorrat soll ja von Dezember bis Juli reichen. Mit dieser Tomatensauce können Sie Pastagerichte, Pizza, Nudelaufläufe, Reisgerichte und vieles mehr zubereiten.

Eingelegte Paprikaringe

Ergibt 6 kleine Gläser

3 kg gelbe oder rote Paprikaschoten
24 Sardellen in Salz
3 dl Weinessig (ca.)
Olivenöl nach Bedarf

Die gewaschenen und abgetrockneten Paprikaschoten etwa 1 Stunde im vorgeheizten Ofen bei 250°C rösten. Sobald sie kräftig gebräunt sind, herausnehmen und in eine Plastiktüte (wie man sie gelegentlich noch ohne Bezahlung in weniger knickerigen Geschäften bekommt) füllen. Fest zuknoten und eine Weile ruhen lassen.
Inzwischen die Sardellen durch Abreiben mit Küchenkrepp entsalzen, jedoch nicht waschen! Öffnen, entgräten und die Filets auf einen Teller legen.
Nun die Plastiktüte öffnen und die Paprikaschoten häuten. Sie werden überrascht sein, wie einfach das nun ist, nachdem der in der Tüte entstandene Wasserdampf die Haut etwas gelöst hat. Halbieren, die Samenkerne entfernen und die Hälften längs vierteln.
Den Essig in einem Topf zum Kochen bringen. Die Paprikastücke hineingeben und nach dem erneuten Aufwallen 3 Minuten im sprudelnden Essig kochen. Abgießen und auf einem Tuch trocknen.
Die Paprikastücke jeweils mit einem Sardellenfilet belegen und dann zusammenrollen. Die Ringe in ein flaches, weites Glasgefäß legen und mit Öl bedecken. Im Keller aufbewahren.
Auch wenn Ihnen das Kochen der Paprikastücke in Essig zu aufwendig und unnötig erscheint, kommen Sie nicht daran vorbei – falls Sie keine tödliche Vergiftung riskieren wollen.
Viele hausgemachte Konserven können zu Gift werden, wenn man bei ihrer Zubereitung nicht auch den Verstand einschaltet. Bakterien oder Pilze, die sich leicht in Einmachgläsern bilden, werden durch Essig zuverlässig abgetötet.

Piemonteser Vorspeise

Ergibt 10 Gläser à ca. 200 g

1 kg Eiertomaten
etwas Salz
300 g kleine Zwiebeln
300 g grüne Bohnen
300 g Bleichsellerie
300 g Mohrrüben
300 g Paprikaschoten
1 Glas Olivenöl Qualität »extra vergine«
1 Glas guter Weißweinessig
1 gehäufter EL grobes Salz
1 gehäufter EL Zucker

Die gewaschenen und in Stücke geschnittenen Tomaten ohne Wasser in einen Topf geben. Leicht salzen und zugedeckt 10 Minuten kochen. Anschließend durch ein Sieb streichen und das Püree in einen 3-l-Topf füllen.

Das restliche Gemüse putzen, waschen und in Stücke teilen. Zur Tomatensauce geben; Öl, Essig, Salz und Zucker ergänzen und alles gut vermischen.

Erhitzen und nach dem ersten Aufwallen 3/4 Stunde kochen. Fertig!

Und so wird diese Vorspeise konserviert:

a) Die kochendheiße Mischung in Gläser füllen. Diese sofort verschließen und unter einer Wolldecke auskühlen lassen. Die Gläser mit Etiketten unter Angabe des Inhalts und Herstellungsdatums versehen und in einem kühlen, dunklen Kellerraum aufbewahren. Die Piemonteser Vorspeise hält sich 3–4 Monate.

b) Die Mischung zunächst erkalten lassen. Nun in Gläser füllen, diese fest verschließen und in einen Topf mit kaltem Wasser stellen. 20 Minuten sterilisieren und im Wasser abkühlen lassen. Etikettieren und kühl und dunkel lagern. Auf diese Weise konserviert, hält sich das Produkt 12 Monate.

Eine delikate Vorspeise, die sich jedoch ebenso als Beilage zu Schweinskotelett oder anderen Fleischgerichten eignet. Verwerten Sie bei der Zubereitung keine Konservierungsmittel: Damit würden Sie gegen das fünfte Gebot verstoßen.

Und noch ein Hinweis: Möchten Sie diese Speise im Winter zubereiten, so ersetzen Sie Bohnen und Paprikaschoten durch Blumenkohl und Artischocken. Die Zubereitung bleibt dabei die gleiche.

Nützliche Angaben

Für zwei Personen	*Kochgeschirr*	*Wasser*	*Salz*
Brühe mit Einlage	Topf (1 l)	0,5 Liter	15 g
Gemüsesuppe	Topf (3 l)	2 Liter	30 g
Pasta	Topf (2 l)	1 Liter	30 g
Risotto	Schmortopf (2 l)	0,5 l Brühe	30 g
Gnocchi	Topf (3 l)	2 Liter	30 g
Überbackene Pasta	ofenfeste Form (2 l)	–	–
Polenta	Topf (2 l)	1 Liter	20 g
Braten	Schmortopf (1 l)	–	–
Siedefleisch	Topf (2 l)	1 Liter	30 g
Ragout	Schmortopf (1 l)	–	5 g
Gegrilltes Kotelett	Grillpfanne	–	5 g
Bratwurst	Pfanne, mittelgroß	–	–
Gebratener Fisch	Pfanne oder Ofen 350°C		nach Bedarf
Gekochter Fisch	Fischkocher (2 l)	1 Liter	30 g
Geschmorter Fisch	Schmortopf (1 l)	–	15 g
Fischsalat	Salatschüssel	–	30 g
Gekochtes Gemüse	Topf (1 l)	0,5 Liter	30 g
Gebratenes Gemüse	Pfanne, mittelgroß	–	nach Bedarf
Geschmortes Gemüse	Schmortopf (1 l)	–	10 g
Gemüsesalat	Salatschüssel	–	5 g
Gemüseauflauf	Springform (1 kg)	–	nach Bedarf
Omelett	Pfanne, mittelgroß	–	nach Bedarf
Sauce	Schmortopf, mittelgroß	–	nach Bedarf

Nützliche Angaben

geschmackliche Verfeinerung	*Menge*	*Garzeit*
Butter oder Brühe	40 g Pasta	15 Minuten
Butter und Öl	40 g Pasta	2-3 Stunden
verschiedene Saucen	150 g Pasta	15 Minuten
Butter und Öl	150 g Reis	15-20 Minuten
Butter	400 g	3 Minuten
klassische Fleischsauce	200 g	40 Minuten
1 EL Öl	200 g	30 Minuten
Öl und Kräuter	400 g	45-60 Minuten
verschiedene Kräuter	500 g Fleisch	60-80 Minuten
Öl und Kräuter	300 g	40-60 Minuten
–	100 g pro Person	4 Minuten
–	400 g	10 Minuten
etwas Öl und Kräuter	300-400 g	15 Minuten
verschiedene Kräuter	300-400 g	variiert
Öl, Kräuter, Tomaten	300-400 g	15 Minuten
Öl, Petersilie, Zitrone	300-400 g	bereits gegart
–	300 g	variiert
Olivenöl	300 g	variiert
Öl, Butter, Kräuter	300 g	30-40 Minuten
Wasser oder Weißwein, Öl, Essig, Zitrone	200 g	roh oder gekocht
Butter, Brot, Béchamelsauce	400 g	45-50 Minuten
Öl und Kräuter	2 Eier	5 Minuten
Öl, Butter, Kräuter, Hackfleisch oder Bratwurst	30 g pro Person	30-90 Minuten

Die wichtigsten Küchenutensilien

Wer schon über eine Küchenausstattung verfügt, muß diesen Abschnitt nicht lesen, denn entweder ist alles Notwendige wirklich vorhanden oder das Fehlen wichtiger Utensilien wurde bereits festgestellt und die baldige Beseitigung dieses Zustandes geplant. Die nachfolgende Aufstellung berücksichtigt nur die absolut unerläßlichen Hilfsmittel, die man sich anschaffen sollte, wenn überhaupt noch nichts vorhanden ist.

Das Notwendigste

Nachstehend habe ich alle Gegenstände aufgelistet, die mir nahezu unverzichtbar erscheinen, will man täglich für eine drei- bis fünfköpfige Familie kochen.

Dazu kommen natürlich noch Teller, Bestecks, Schüsseln und Servierplatten (es sei denn, Sie können die Speisen direkt in den Töpfen auftragen), Gläser und Tassen.

Vielleicht können Sie aus meiner Liste das eine oder andere streichen, weil Sie es nicht brauchen. Wahrscheinlicher ist jedoch, daß Sie sie noch ergänzen müssen (z. B. mit einer Ölkaraffe, einem Salzstreuer, Untersetzern für Flaschen, Gläser und Töpfe, einem Nußknacker usw.).

Und wenn man sich dann anschaut, was der Markt sonst noch alles anbietet, nimmt die Aufzählung überhaupt kein Ende: Immer wieder tauchen in den Geschäften Neuheiten für den täglichen Gebrauch wie auch für spezielle Zwecke auf, die die Arbeit erleichtern und beschleunigen:

- drei Pfannen unterschiedlicher Größe (Durchmesser ca. 18, 20 und 24 cm);
- drei Töpfe unterschiedlicher Größe (Randhöhe 8–10 cm, Durchmesser ca. 15, 18 und 20 cm) mit passenden Deckeln;
- ein großer Topf mit passendem Deckel zum Waschen und Kochen von Gemüse, zum Zubereiten von Siedefleisch sowie zum Kochen von Pasta und Reis;
- ein Nudelsieb;
- mindestens ein Bräter für die Zubereitung von Braten im Ofen;
- ein Schnellkochtopf (5 l);
- mindestens ein großes und ein kleines, besser noch mehrere kleine Messer;
- Gabeln und Löffel zum Kochen (sie müssen nicht viel kosten, doch sollen sie aus beständigem Material sein); ein paar kleine Löffel;

- mindestens ein, möglichst aber drei Holzlöffel unterschiedlicher Grifflänge;
- ein Schöpflöffel;
- eine Schaumkelle;
- zwei oder drei Schüsseln unterschiedlicher Größe;
- flache, tiefe, große und kleine Teller sowie Schalen unterschiedlicher Größe;
- eine Käsereibe;
- ein Dosenöffner;
- ein Korkenzieher;
- ein Schneidbrett;
- ein Wiegemesser o. ä. zum Hacken von Kräutern und anderen Zutaten;
- ein Fleischklopfer;
- ein Trichter;
- mindestens zwei Topflappen;
- mindestens vier bis sechs Wischtücher;
- ein Wetzstahl;
- eine Kaffee- und eine Teekanne;
- ein Töpfchen zum Kochen von Milch, Teewasser usw.
- ein kleines Teesieb (das auch anderen Zwecken dient) und möglichst ein weiteres Sieb von der vierfachen Größe

Nützliche Hinweise
Mengen- und Gewichtsangaben

1 gestrichener Eßlöffel (EL)	Mehl	entspricht	10 g
1 gestrichener Eßlöffel	Butter	entspricht	15 g
1 gestrichener Eßlöffel	Zucker	entspricht	12 g
1 gestrichener Eßlöffel	Öl	entspricht	15 g
1 gestrichener Eßlöffel	Wasser	entspricht	15 g
1 gestrichener Eßlöffel	Milch	entspricht	15 g
1 gestrichener Eßlöffel	Grieß	entspricht	10 g
1 gestrichener Eßlöffel	Stärkemehl	entspricht	15 g
1 gestrichener Eßlöffel	Reis	entspricht	20 g
1 gestrichener Eßlöffel	Suppennudeln	entspricht	20 g
1 gestrichener Eßlöffel	feines Salz	entspricht	12 g
1 gestrichener Eßlöffel	grobes Salz	entspricht	20 g
1 Teelöffel (TL)	Trockenhefe	entspricht	4 g
1 Tasse	Mandeln	entspricht	140 g
1 Tasse	Rosinen	entspricht	150 g
1 Tasse	Semmelbrösel	entspricht	50 g

Ein kleines Glossar

für diejenigen, die sich mit der italienischen Küche noch nicht so gut auskennen

Antipasto – kleine Vorspeise, die in Italien bei kaum einer Mahlzeit fehlen darf und den Appetit anregen soll. Beliebte Bestandteile sind z. B. Meeresfrüchte, Sardinen und Sardellen, Artischocken, Pilze, Tomaten, Auberginen, Schinken; doch kann das antipasto ebensogut nur aus ein paar Salamischeiben mit Oliven oder aus gerösteten, mit Knoblauch eingeriebenen Weißbrotscheiben bestehen.

Asiago – halbfester, mild-pikanter Käse, den man frisch vorwiegend als Tafelkäse reicht und im Alter dann als Reibkäse verwendet. Während der asiago einst ausschließlich in dem gleichnamigen Dorf nahe Vicenza und nur aus Schafmilch hergestellt wurde, gewinnt man ihn heute in Venedig und Trient ebenso wie in der Lombardei, und zwar aus Kuhmilch.

Bavette – schmale, flache Bandnudeln.

Bel Paese – weltberühmter, halbfester Vollfettkäse, der sich aufgrund seines milden Geschmacks als Tafelkäse großer Beliebtheit erfreut.

Berna – Berner Käse, eine Schweizer Käsespezialität, vergleichbar mit Appenzeller, Rojalp oder Sprinz.

Borlotti-Bohnen – eine der zahlreichen Arten aus der großen Familie der Hülsenfrüchte. Man erkennt Borlotti-Bohnen an ihren ovalen, mittelgroßen, rötlichen Kernen.

Bresaola – gepökeltes, luftgetrocknetes Rindfleisch, das für einige Gegenden der Lombardei, beispielsweise das Veltlin, besonders typisch ist. Es wird, wie das Bündner Fleisch, hauchdünn geschnitten und, mit Öl und Zitronensaft beträufelt, gerne als antipasto gereicht.

Bucatini – dicke, hohle Spaghetti.

Capelli d'angelo – Pastasorte, deren Namen (italienisch: ›Engelshaar‹) – sehr bezeichnend ist: extrem dünne, lange Nudeln, deren Kochzeit nur wenige Minuten beträgt.

Cotcchino – dicke Schweinskochwurst in Naturdarm, die aus mittelfein gehackten Fleisch- und Schwartenstücken zubereitet, mit Salz und Pfefferkörnern gewürzt und anschließend durch Trocknen im Holzofen leicht vorgegart wird. Damit sie während des Kochvorgangs nicht aufplatzt, muß sie zuvor mehrmals eingestochen und in leise sprudelndem Wasser langsam gegart werden.

Extra vergine – Qualitätsbezeichnung für Olivenöl, das ohne chemische oder thermische Einwirkung aus der allerersten Pressung gewonnen wurde. Es ist von grüngoldener Farbe; sein Geschmack variiert je nach Herkunftsgebiet zwischen herb und weich, kräftig und elegant, fruchtig oder eher neutral. Olio di oliva extra vergine zeichnet sich durch einen sehr geringen Säuregehalt aus und ist damit ausgesprochen bekömmlich und gesund.

Fettuccine – lange, schmale Bandnudeln.

Fonduta – raffinierte Piemonteser Variante des Schweizer Fondues. Es wird aus Fontina, Milch und Eiern zubereitet und in der klassischen Version nur mit Trüffelsplittern vollendet.

Fontina – ein aromatisch-würziger Käse mit leichtem Haselnußgeschmack, der aus Kuhmilch hergestellt wird. Je nach Alter ist er halbweich bis hart. Nach kurzer Reifung serviert man ihn als Tafelkäse, hart findet er als Reibkäse zur Verfeinerung vieler Gerichte Verwendung. Während er zunächst nur im Aostatal zu Hause war, wird er inzwischen in ganz Italien hergestellt.

Fusilli – ursprünglich aus Apulien stammende, kurze spiralförmige Nudeln.

Gnocchetti sardi – etwa 2 cm lange halbrunde, gerillte Nudeln.

Gnocchi – kleine Klößchen – oder Nocken – zum Beispiel aus Grieß oder aus Mehl mit Kartoffeln (gnocchi di patate) hergestellt, häufig auch mit Käse oder Spinat ergänzt, in siedendem Salzwasser gekocht oder im Ofen gebacken. Diese italienische Spezialität ist auch fertig im Handel erhältlich.

Grissini – italienisches Weizenfeingebäck in Form dünner, etwa 25 cm langer Stangen.

Groviera – ein Verwandter des Gruyère, eines Hartkäses aus Kuhmilch, der sich anfangs durch einen milden, zarten Geschmack auszeichnet, nach längerer Reife- und Lagerzeit jedoch ein zart-pikantes bis würzig-kräftiges Aroma entwickelt.

Lasagne – rechteckige oder quadratische, grüne oder weiße Teigblätter, die hauptsächlich für überbackene Gerichte verwendet werden. Lasagne sind inzwischen bei uns überall im Handel erhältlich.

Maltagliati – dieser Name (wörtlich übersetzt bedeutet er ›schlecht geschnittene‹) bezeichnet in unregelmäßige Rhombenformen geschnittene flache Nudeln, die man in Italien gerne als Einlage für Suppen verwendet.

Marsala – berühmtester Wein Siziliens mit 18 Vol. % Alkoholgehalt. Marsala secco (trocken) wird gerne zum Aperitif gereicht, findet aber auch beim Kochen Verwendung; den (süßen) Marsala dolce dagegen genießt man zum Dessert.

Mascarpone – ein ursprünglich aus der Lombardei stammender Frischkäse, der heutzutage in fast allen italienischen Regionen hergestellt wird. Man gewinnt ihn, indem man Sahne durch Zitronensäure zum Gerinnen bringt – daher auch seine cremige Konsistenz und milchweiße Farbe. Mascarpone ist nicht nur ein sehr beliebter Tafelkäse, sondern dient ebenso zur Zubereitung zarter Desserts, sahniger Tortenfüllungen und delikater Spaghettisaucen.

Mortadella – eine Wurstspezialität aus Bologna, die zu den weitverbreitetsten ganz Italiens zählt. Sie wird aus Schweinefleisch und Speckwürfeln hergestellt, die ihr das typische mosaikartige Aussehen verleihen.

Mozzarella – kleiner (ca. 250 g schwerer) kugelförmiger Käse, der ursprünglich aus Büffelmilch gewonnen wurde, heute aber meist aus Kuhmilch hergestellt wird. Der weiße, weiche und gleichzeitig feste Teig schmeckt mild und angenehm säuerlich. Da Mozzarella gut zerläuft, ist er als Pizza-Belag beinahe unentbehrlich.

Pancotto – traditionelle italienische Suppe aus in Wasser gekochtem Brot, verfeinert mit Salz, Butter, geriebenem Käse und zuweilen Tomatensauce.

Parmesan – halbfetter Hartkäse aus Kuhmilch von etwas körniger Struktur; intensiver, im Alter auch leicht pikanter Geschmack. Den echten parmigiano reggiano, der aus der italienischen Küche nicht wegzudenken ist, erkennt man an dem typischen Brandzeichen auf den ca. 25 kg schweren Käselaiben.

Passatelli – eine Spezialität aus der Romagna: 3–4 cm lange Teigwürmchen, hergestellt aus einer Mischung aus Semmelbröseln, geriebenem Parmesan, Eiern und Gewürzen.

Pasta – Teigwaren in jeder erdenklichen Form, ohne die die italienische Küche nicht vorstellbar wäre. Es gibt Nudeln auf der Basis von Hartweizengrieß und Wasser, weiterhin Eiernudeln und nicht zuletzt die köstlichen gefüllten Nudeln, wie Ravioli, Tortellini usw. Man genießt Pasta mit den verschiedensten Saucen oder auch als Einlage in Brühe.

Pecorino – ein halbfetter, kompakter Käse, der ausschließlich aus Schafmilch gewonnen wird. Sein pikanter Geschmack nimmt im Alter an Intensität zu. Als Tafelkäse ist er ebenso geschätzt wie als Reibkäse. Die berühmtesten Sorten sind der pecorino romano und der pecorino sardo.

Penne rigate – kurze, gerillte, schräg geschnittene Maccheroni.

Pesto – aus frischem Basilikum, Olivenöl, Pecorino, Knoblauch und Pinienkernen im Mörser hergestellte Sauce, die kalt über heiße Teigwaren und manchmal auch zur Verfeinerung an Gemüsesuppe gegeben wird. Ein Klassiker der ligurischen Küche.
Pinzimonio – eine typisch italienische Art, rohes Gemüse zu genießen: Man bereitet aus Öl, Salz und Pfeffer eine Marinade, in die man beispielsweise Sellerie-, Artischocken- und Paprikastückchen tunkt, bevor man sie dann genüßlich verspeist.
Pizzaiola – pizzaiolo ist das italienische Wort für den Pizzabäcker. Abgeleitet davon wurde der Begriff pizzaiola, der für eine Art der Zubereitung mit Tomaten, Knoblauch und Origano – den für Pizza typischen Zutaten also – steht.
Polenta – ein Brei, der aus Maismehl, Salz und Wasser gekocht wird. Man reicht polenta heiß als Beilage zu Fleischgerichten oder man läßt sie erkalten und schneidet sie in Scheiben, die dann gebraten oder gegrillt serviert werden.
Provolone – Hartkäse aus Kuhmilch, der in den unterschiedlichsten Formen und Größen auf den Markt kommt. Je nach Reifegrad ist er mild oder pikant, wobei auch eine geräucherte Variante angeboten wird. Man verwendet ihn als Reib- und als Tafelkäse.
Ricotta – herzhafter Käse von quarkähnlicher Konsistenz, der oft aus Schafmilch hergestellt wird. In der Regel verwendet man Vollmilch, wenn frischer ricotta entstehen soll, und entrahmte Milch, wenn es sich um die Zubereitung von trockenem ricotta handelt, der nach einer gewissen Reifezeit als Reibkäse zur Verwendung kommt. Ricotta ist ungesalzen, gesalzen und auch geräuchert erhältlich.
Risotto – Dies ist der Name für eine typisch italienische Art der Reiszubereitung: Der Reis wird nicht – wie hierzulande üblich – in reichlich Salzwasser gekocht, sondern in Brühe gegart, die nach und nach zugefügt wird, sobald die im Topf befindliche Flüssigkeit aufgesogen ist. Bereits während dieses Garvorgangs werden die anderen Zutaten dazugegeben, wobei es wohl kaum eine gibt, die sich nicht für dieses Gericht eignet.
Robiola – milder, fetter Käse, der meist ausschließlich aus Kuhmilch hergestellt ist und nur 8–15 Tage reift. Er wird im Piemont und in der Lombardei hergestellt und in kleinen rechteckigen Portionen angeboten.
Salsa Verde – Grüne Sauce: eine pikante italienische Sauce, die man kalt u. a. zu gekochtem Fleisch und Gemüsegerichten reicht.
Spaghettini – dünne Spaghetti.

Stracchino – fetter, mild-würziger ungereifter Kuhmilchkäse, der in der Lombardei hergestellt wird und in kleinen quadratischen Formen im Handel ist.
Tagliatelle – ca. 1 cm breite, lange Eierbandnudeln.
Tortellini – kleine Teigtaschen, meist mit Fleisch oder einer Mischung aus Ricotta und Spinat gefüllt, die man in Fleischbrühe oder mit Sauce genießt.
Trenette – lange, dünne, flache Nudeln, die für die ligurische Küche – insbesondere in Verbindung mit pesto – typisch sind.

Verzeichnis der Gerichte

Erster Teil

Zweiter Teil

Register